我不是不努力，只是做不到你滿意

讓每個孩子在「墜落」前，都能獲得該有的幫助

宮口幸治
Koji Miyaguchi

どうしても頑張れない人たち～ケーキの切れない非行少年たち2

推薦序

すいせんのじょ

我不是不努力，只是做不到你滿意

どうしても頑張れない人たち

推薦序

國立臺灣大學法律學院教授／李茂生

這是日本立命館大學宮口幸治教授所著眾多書籍中第二本被翻譯成中文的「小書」，可以說是第一本被翻譯為《不會切蛋糕的犯罪少年》的續集。日文書名為「どうしても頑張れない人たち」，中文翻譯成《我不是不努力，只是做不到你滿意》。或許從書名無法完全掌握作者寫這本書的用意，但看完後應該可以立即發覺作者的書寫企圖。

上一本書專注於解釋為何少年們會不斷犯罪，至於應該如何解決這個問題，作者僅在最後寫了一些加強少年認知能力的方法而已，留下了一大堆疑問。而本書則是進一步細膩地分析這些少年一步步走向犯罪的機制，並且提供一些遏止少年們「墮落」下去的「應行留意事項」。重點在於這次作者所關注的並不僅是犯罪少年而已，其眼界更擴展到協助少年更生的人身上。換句話說，作者提醒讀者，**其實號稱協助問題少年的人們，很可能因為不經意的舉動，反倒成為將少年推到深淵的幫兇。**

作者首先從最根本的誤解開始本書的論述，就是「天助自助」的概念。谷歌一下「天助自助」，就會發現教育部《國語辭典簡編本》上寫著：「上天只幫助肯努力上進、自立自強的人；如：凡事不能只想依賴他人，惟有自立自強，才能天助自助。」當然這不限於中文的領域，英文俗諺也謂：God helps those who help themselves（天助自助者，自助人恆助之）。不過，當我們陷入這種理所當然的想像時，對於再怎麼努力也無法獲得我們認可成果的少年，可能就會採取放棄的態度，最終將會把少年推向無法翻身的深淵。原因在於我們實在是太過於習慣以結果來判斷所有事物的成敗，而許多少年卻是根本無法獲取一般世人所能接受的結果，於是產生惡性循環，導致無法翻身。據此，作者主張重點應該放在努力的過程，從簡單就能達成的成果中回溯，肯認當初的努力與付出。更重要的是愈是無法努力的少年，愈需要我們的協助與支援。

為何有些少年就是無法努力呢？作者認為有些少年的認知能力不足，所以無法得到「好的結果」，令自己滿足並獲得周邊他人的認可，更糟糕的是他們的「探索深度」能力不夠，無法設定獲取成就的目標與逐步達成目標的階段。他們不是設定了太淺的目標，無法看到後續影響，就是設定了好高騖遠的目標，使自己陷入失望的循環中。

此外，作者也藉著馬斯洛的主張，認為需求是有階段性的，如果較基層的生存需求、安全需求等，因為特殊的生養環境而無法獲得滿足時，則進一步的社會關係需求、得到認可的需求、追求自我實現的需求，均僅是奢求而已。當少年的低層次需求未能獲得滿足，我們即不得無理要求其去實現高層次需求的滿足，這種要求的後果只會讓被要求者喪失努力的動機。

當然，本書的重點不在於說明為何有些少年就是無法努力，而在於當我們理解其不能努力的原因後，到底要採取怎樣的態度去協助他們成就自己。就這段的論述或許會顯得有點凌亂，似乎作者僅是想到什麼就談什麼。其實，並不是如此。這些「提醒」對於保護者或實際上的第一線支援者都是非常重要的，正確的接納態度與資源的提供方式在在影響到少年們的未來。於此並不是說保護者或支援者是懷有惡意地與少年接觸，於許多狀況，基於善意的過高期待與過度濃稠的要求，也是會讓少年失去努力的動機。**我堅決反對將少年司法認定為「愛的司法」，而改請第一線的實務家採取「贖罪的司法」（我們或許就是他們失敗的原因之一）**，用意即在於此。

民國八〇年代初期，我在設計整個少年司法藍圖時，訂下了「少年健全自我成長」的目的，以及作為運作架構的「同心圓」理論。因為沒有實務經驗，這個目的與運作架構其實都非常抽象，並無任何實際上的操作指引。從務實的眼光來看，或許可以說這本小書到處都是細膩的指引。例如，不要用保護者的觀點恣意評價，而應該傾聽，重視雙方的關係，尊重對方的存在。這不外是健全「自我」成長的實踐。再如本書在後半段非常強調的動機的賦予與維持、妥適目標的訂定、適當的結果評價、對支援者的支援、支援者間相互的連結等諸點，均指引出實踐同心圓結構時應留意的細微項目。

我國的新少年司法制度實施了四分之一個世紀，已經有點彈性疲乏，雖然民國一〇八年的修法，帶來一些新氣象，注入一些活水，但終究僅是原則性的宣言，到底要如何實踐少年司法的目的仍舊是有點霧裡看花。雖然司法院少年及家事廳繼續努力制訂一些標準與規則，也僅是規則而已，而不是實際的應對。期待本書的翻譯能夠提供第一線實務家更具體的實踐技巧。

推薦序——在人生坎坷旅途哆嗦前進的光

兒童青少年精神專科醫師／陳質采

若年少的時候就犯行，這些孩子怎麼了？有什麼好方法可以矯正輔導？這是教育、精神、心理、司法等領域持續關心的議題，但至今仍無快速有效的治療方法。

在三十多年的兒童精神醫療專業生涯中，與先天各項能力或家庭處境弱勢的兒童青少年工作時，常常會浮現出這樣的景象：我們領著這些孩子跋涉坎坷的人生道路，就他們的主觀感受與經驗而言，前進的路困難重重，撥雲不一定見日，他們很需要被肯定和讚美，只是表現的行為和所做的事常常讓教養者抓狂。有時不明就裡的專家再補一句「是不是不夠愛孩子？」更讓教養者失去最後的耐性。其實，茫茫坎坷的路途，更需要的是彼此的鼓勵打氣。

以現今的兒童精神醫療角度來看，這些孩子先天有些不利良好發展的條件，如認知功能低落、注意力與情緒調節不佳、容易衝動等問題，腦中的犒賞系統使他們難以忍受挫折，容易被誘惑，逃逸面對問題，因而無法有效處理這些困難的人生課題。當孩子這些表面行為被冠上「不夠努力」、「缺乏意志力」時，所有的援助者包括老師、社工、教官及父母也逃開了教養和教育的挫折，覺得不是自己的問題就好。然而，在各領域蓬勃發展的今日，問題的形成不再是單一路徑；如何更清楚、完整地了解犯行少年的成長歷程，理解教育輔導這些孩子的過程必經的挫折，看到孩子的可能性，大家才能攜手完成幫助這些孩子的初衷。

如何改善後天環境，讓這些歷程不惡性循環，其實就是《不會切蛋糕的犯罪少年》、《我不是不努力，只是做不到你滿意》的作者宮口幸治醫師的呼籲。在這本《我不是不努力，只是做不到你滿意》中，兒童精神科宮口幸治醫師細膩地描繪他敏銳的觀察，認為努力不來、總是在偷懶的人更需要幫助，讓人們正視有些孩子無論怎麼努力還是做不來的困境；同時指出人們在教養上的兩個極端：一方是「努力就會有回報」、「努力就會幫你」等激勵話語，另一方則是「活得輕鬆一點」、「放低標準」、「不要勉強自己」。而像「放低標準」、「不要勉強自己」這種用來安慰原本就已經過得很努力、經常忍耐的人的話，有時會讓努力不來的孩子誤解。宮口幸治認為，很少小孩能樂在學習，他們若聽到信賴的成人說這番話，就更無心念書了。

換句話說，我覺得援助者的挑戰是如何確認孩子真正的想法，了解他的能力，提供訓練的機會，不擅自替他拒絕任何可能成長的契機，持續在關鍵時刻給予鼓勵，提供較為滋養、友善的環境，才能帶來真正的成長。

事實上，所有教育輔導的企圖，無非是希望在人生旅途陷於「昏天暗地」，摸索著前進的孩子，看到「光明」的所在。這個光明是指各種可能性與選擇自主權的存在，並非指絕對正向、沒有問題的狀況，更重要的是讓孩子看到他想要的目標，並且知道如何往想要的目標前進，而找到如何與真正的自己相處。

這過程，宮口幸治醫師在書中也反思了一些無效的教養習慣，如「傾聽對方的心聲時做出評論」與「語言隱含的暗示性」，像「如果你努力，我就幫你」這句話其實意味著「如果你不努力，我就不幫你」，建議援助者採用更有效的幫忙，才不致出於好意卻適得其反。

總而言之，這是反思如何幫助先天各項能力或家庭處境弱勢的兒童青少年的一本好書，簡潔流暢的譯文，更增加了這本書的可讀性。

推薦序

作家、親子工作室負責人／王麗芳

眼前的母子在我面前寫著作業，一個寫、一個陪伴。在工作室我常常看到這樣的畫面：當孩子學不會，媽媽會試圖懂課本的教法，然後用學校的教法「再教一次」，一次又一次，直到媽媽生氣為止。我們總以為當母親的夠努力、孩子夠努力，一切都會變好，但事實上呢？

我從拜讀宮口幸治先生的《不會切蛋糕的犯罪少年》之後，就很推崇宮口先生所指出的孩子問題點。陪伴親子破關多年的我們，慢慢可以看出來，哪些是真正陪伴孩子過關的論點？哪些不過是大人的自言自語？而宮口先生讓我推崇的原因就是站在看懂孩子的角度去思考問題，而不是站在大人該怎麼教的角度，是如實陪在孩子身邊、看到孩子困境，並且想要解決問題的人才能寫出來的書。

而這本《我不是不努力，只是做不到你滿意》更是前一本書的延伸思考，我們會一直說孩子不努力，但是從來沒去看孩子是不是真的有辦法努力？我從來不相信有人希望自己就是爛，父母是這樣，孩子也是這樣。當孩子想做卻做不到的時候，「擺爛」、「找藉口」、「反擊」其實是他的防護網。

在臺灣有兩派教養方式：一派主張不打不罵不威脅孩子，一派認為孩子就是要「教訓」；一派主張不能讓孩子有壓力，一派認為沒壓力無法成長。很多父母在這兩派教養中，形成了不是忍，就是忍不住打罵孩子後又悔恨萬分，是很多這年代父母在教養上的心理折磨。然而教養不是只有這樣極端的兩面，還有可以不用擺盪的第三條路。

我多年來一直在陪親子們找「第三條路」，而宮田先生也是在「你要一直努力」跟「你不需要太努力」中點出「第三條路」。宮田先生發現犯罪少年在很多時候無法做「預知」的思考，我也在很多孩子身上發現這樣的問題，他們考慮的只有當下，無法延伸思考，甚至在閱讀的過程沒有辦法產生文字所描述的畫面，而這樣的孩子即使考試知道怎麼寫，也無法享受文字給予的思考與快樂，很容易厭倦學習。面對認知能力低落的孩子，即使是大家都能懂的事情，也必須用不同方式讓他們懂。當用這個方式孩子沒辦法理解，不是一次又一次教，而是換個方法、換一條路。

人的行為都是由經驗反覆累積養成的，這本書的出版也讓我重新審視自己：**我是不是也落入那種「你願意努力，我才願意幫你」的大人？我們是不是讓孩子陷入當沒有好成績與好表現，就會被放棄的恐懼之中？**然而，真正需要幫助的那些人，卻是怎麼努力都做不來的人。

這本書提供了更多的延伸思考，如何當一個陪伴者、如何思考人為何而努力，作者有許許多多的闡述都值得當父母的人深思與調整，是一本讓我才拿到電子稿就迫不及待想分享的好書。

前言

まえがき

我不是不努力，只是做不到你滿意

どうしても頑張れない人たち

前言

「如果你努力，我就幫你。」

我看到某位公司老闆上電視節目時對更生人說出這句話。節目中介紹他照顧更生人出獄後的生活，並提供工作；獲得難得機會的更生人也充滿幹勁，努力工作著。我想他應該是哪家公司的老闆，這麼做實在很了不起，我十分佩服。

然而與此同時，我的腦海裡浮現了另一件事：

「那麼努力不來的人該怎麼辦呢？」

「總是在偷懶的人又該怎麼辦呢？」

我在寫上一本書《不會切蛋糕的犯罪少年》（繁體中文版為遠流）時就一直抱持這些疑問。

一般來說，上班不努力便會遭到開除，做不到勤奮不懈就沒人幫忙是正常情況，但這些更生人要是失去工作，極可能重蹈覆轍。當然我不覺得這位老闆會因為更生人不努力就馬上開除他們，只是我不禁思考：

「努力不來的人、總是在偷懶的人，才更需要幫助吧？」

學校和家庭也是一樣。大家可能都聽過老師和父母說「努力就會有收穫」，但卻從來沒聽過「努力不來會怎麼樣」、「原本就做不來的小孩該怎麼辦」？基本上生活在現代社會，不努力是不會有回報的，然而我至今遇到的「不會切蛋糕的少年」正是所謂**「努力了也做不來」**與**「根本努力不來」**的孩子。

來看兒童精神科門診的患者也是一樣。發展障礙孩童要是來看醫生，極可能獲得適當的治療，但事實上門診的醫師根本遇不到真正需要幫助的孩子。這些孩子的身邊沒有大人察覺他們需要看醫生，所以根本不會去醫院。

類似的社會問題還有虐待兒童。由於虐童事件日益嚴重，日本各地紛紛舉辦育兒講座，活動上看到許多年輕媽媽帶著孩子來參加，出席者都笑容可掬。這種活動的確具備意義。但我心裡想的是：「虐待孩子的父母會主動來參加這種活動嗎？」真正需要幫助的家長往往不擅長融入團體，習慣蝸居，更不會主動參與活動。

雖說做點什麼總比什麼都不做來得好，但不可否認的是，這些活動背後隱藏了許多需要幫助卻碰觸不到援手的人。虐待兒童的父母有時會對助人工作者採取防備的態度，甚至惡言相向，這種時候援助的一方不免情緒沮喪，變得態度消極或想保持距離。老實說，這些**「讓人不想幫忙的對象，才是真正需要幫助的人」**。

另一個類似的例子發生在大學校園。我在學校總是忍不住對學生說：「只要你們有心學，要多少資料我都給你們。」可惜幾乎沒有學生聽到這番話後主動來找我。畢竟原本就有心的學生，不用我開口便會自己去找資料，也會來問我有什麼好資料。

「有心學，要多少資料我都給」的反義正是：「沒心學，我就不管你了！」儘管我明白真正需要幫助的是那些沒人管也沒什麼學習動力的學生，但改變心態卻不是那麼容易。

獎學金制度也是一樣的道理。努力拿到獎學金固然是好，但努力卻拿不到獎學金的學生可能因為經濟問題而成天打工，荒廢學業，陷入惡性循環。當我知道這些同學的狀況後，默默覺得更該幫助的反而是拿不到獎學金的學生。

前幾天還聽聞高中退學的案例。在日本，高中不是義務教育，不去上學便會遭到退學。然而多半案例是學生本身很想去上學，但由於家庭經濟、身心狀況等因素而去不了。高中老師也十分清楚這些學生最需要校方伸出援手，他們的下場卻是遭到學校退學與拋棄，離援手愈來愈遠。

「幫助努力的人」才是常見價值觀，從來沒聽過有人呼籲「幫助懶惰的人」。實際上有些案例的確是想努力卻努力不來，因此怎麼看都像是在偷懶，換句話說這世上有些人「正因為懶惰才需要幫助」。

究竟該怎麼對這些努力不來的人伸出援手呢？我認為這是現代社會今後必須面對的課題。實際情況充滿矛盾，不過我還是期待「努力不來的人也能努力」。

努力不來的人本身應該也希望努力過後獲得社會肯定。以接納更生人的公司為例，公司裡一定有人會陪伴這些更生人，給予他們多次機會，而不是輕易放棄；無論他們背叛外界期待多少次，總有一些人會持續在身旁守候，引導他們更生。正因為我知道這些案例，更是期盼這些努力不來的人終有一天能學會如何努力。

本書基於以下觀點探討「努力不來」的人：

- 本人對現狀的真實想法為何？
- 旁人該如何下工夫協助他們？
- 口頭鼓勵和關心能否改善現況？

・有些做法是否出自好意卻適得其反？
・是否在協助的過程中迷失方向？
・如何讓自己持續做對方的後援？

本書會多次提到「援助者」一詞，不限從事助人工作的專業人士，包含家長、家人、朋友、學校老師、公司主管等所有人，凡是你我身邊可能有努力不來的人，我都希望大家能把自己視為援助者來思考。

此外，無論成人或兒童，無論是否有障礙，本書會以「當事人」、「本人」或「援助對象」稱呼需要援助的一方。相信大家身邊可能都有希望他再努力一點的對象，例如家長對子女，老師對學生，主管對部下。所以「援助」之於所有人其實是非常切身的問題。

第一章的功能類似指南，主要介紹本書概要，並彙整第二章至第八章的重點。建議大家先讀第一章，再挑選有興趣的章節閱讀，這樣做會比從頭看到尾更易讀一些。

書中多處引用拙作《不會切蛋糕的犯罪少年》，而本書《我不是不努力，只是做不到你滿意》正是增補上集的不足與刪除之處，並提出今後應當執行的援助方式。因此閱讀本書之前先讀過《不會切蛋糕的犯罪少年》，有助於更加了解本書。

此外，書中介紹的案例是由數個個案混合改編而成，非指特定人事物。

目次
もくじ

もくじ

目次

第2章 「不努力也沒關係」是真的嗎？

「頑張らなくていい」は本当か？

第3章 努力了也做不來的人

頑張ってもできない人たち

第4章　錯誤的鼓勵把孩子逼到困境

やる気をうばう言葉と間違った方法

第5章 儘管如此也想獲得肯定

それでも認められたい

第6章 援助者該怎麼做？

支援者は何をどうすればいいのか

第7章 援助那些提供援助的人

支援する人を支援せよ

第8章 「笑容」與「為對方著想」

〝笑顔〟と〝ホスピタリティ〟

第1章

隱藏於「努力就會幫你」背後的風險

「頑張ったら支援する」の恐ろしさ

我不是不努力，只是做不到你滿意

どうしても頑張れない人たち

「試了就會」的束縛

小時候常聽人說「努力就會有回報」、「試了就會」，等到自己也做了父親，才發覺這番話背後隱藏了大人的膚淺陰謀。

父母希望子女每天認真念書、孜孜不倦，其實自己小時候也沒什麼天天乖乖用功的經驗。期盼孩子勤學不輟，卻無視個人能力與成長速度，硬是把「努力就會有回報」、「試了就會」這套施加在他們身上。當然這些激勵的話會比起悲觀地認為「做了也沒用」好一些，事實上也的確有些孩子試了就會，有些孩子聽了這些話努力嘗試並得到成果。

然而本書要說的是**「做不來的孩子」**、**「努力不來的孩子」**。

我以前在醫療少年院[01]工作時，遇上的都是這種孩子。他們因為認知功能[02]低落，從小習慣「努力了卻什麼都做不來」，經歷過無數次挫折，早已失去幹勁，努力不來了。

努力不來的原因不僅是認知功能低落，也與「自我實現的需求」有關。

根據心理學家亞伯哈罕・馬斯洛（Abraham Maslow）提倡的需求層次理論（Maslow's hierarchy of needs），最高層次的「自我實現的需求」是建立在「生理的需求」、「安全的需求」、「愛與歸屬的需求」、「尊嚴的需求」都滿足的基礎上。換句話說必須先滿足前四層需求，才會湧起努力達成目標、實現願望的動力（詳情留待第三章說明）。

即使是少年院的孩子也有自我實現的需求，想要嘗試與努力，但他們的家境客氣點說也完全稱不上好，許多孩子根本無法滿足前四層需求。要求少年努力之前必須解決其他問題。

01 **醫療少年院：**專門收容發展障礙與智能障礙的犯罪少年矯正機構。

02 **認知功能：**人類藉由五感（視覺、聽覺、觸覺、嗅覺、味覺）獲得外界資訊，彙整之後制訂計畫與執行，達成期望結果所需的能力，包含記憶、知覺、注意力、語言理解、推論與判斷等多項要素。

面對出身背景形形色色的孩子，一律以「努力就會有回報」、「試了就會」鼓勵他們，是件多麼殘忍的事啊！這也代表著我們一直受到「努力就一定得有回報」、「試了就非得會」的束縛。希望大家能正視這個世界上也有人無論怎麼努力還是做不來。

「努力就會幫你」的背後

「誇獎努力認真的孩子。」

「幫充滿熱忱的人打氣。」

「為朝夢想前進的人加油。」

這些都是常見的價值觀，乍看之下溫馨親切。相信試問大家「想為什麼樣的人加油打氣」時，多數的回答應該是「努力上進的人」吧？我們看到努力的人時，的確想對他伸出援手。

但上述這些話其實代表幫助並不是無條件付出的。讓我們再看一次這句話：

「如果你努力，我就幫你。」

要是還看不懂的話，不妨把幫助的內容替換成具體的金錢吧：

「如果你努力，我就給你五十萬當獎勵。」

看到這句話，應該會立刻意會過來這個幫忙不是空頭支票，而是實質的援助。畢竟這個社會的確存在「獎勵金」這種東西，大學也會頒發獎學金來獎勵成績優秀的學生，用金錢表示鼓勵或協助毫不奇怪。

而這些現象的背後又反映了什麼呢？

比起不努力的人，我們更想協助努力的人，這是人之常情。但是我希望大家能想一想「要是不努力的話」會怎麼樣。

「如果你努力，我就幫你」這句話同時也代表著：

「如果你不努力，我就不幫你。」

「如果你不努力，我就不給你五十萬當獎勵。」

從字面上的意思來看，不努力就不會有人幫忙，也拿不到五十萬。這似乎理所當然，卻也意指拋棄那些需要幫助但又努力不來的人。**「努力就會幫你」這句話有時其實是條件相當嚴格的鼓勵。**

附帶條件的鼓勵本來就不是件好事，跟用物質吸引小孩，要求他們努力是一樣的道理。相信大家應該十分明白用物質獎勵來教育小孩不是健全的做法吧（詳情留待第六章〈安心的基礎〉說明）。

「不用努力」的風潮

不同於「努力就會有回報」、「努力就會幫你」等激勵話語，「活得輕鬆一點」、「放低標準」、「不要勉強自己」這種文案和口號也經常可見。

我每次聽到這些話都覺得很奇怪。這些話是用來安慰那些原本就過得很努力，總是以高標準要求自己，毫不懈怠、經常忍耐的人，但是努力不來的人與他們身邊的人有時會誤解這些話的意思。我相信很少小孩能樂在學習，他們聽到這番話一定覺得自己拿到免死金牌，更無心念書了。

有些家長則是認為：「逼這孩子做他不拿手的事，未免太可憐了……」於是不確認孩子本人的意願和真正的想法便擅自替他拒絕，剝奪成長的可能性（詳情留待第二章說明）。

努力不來該怎麼辦？

努力不來究竟會怎麼樣呢？首先必須區分「不努力」與「努力不來」的差異。「不努力」可以解釋成故意不做，給人偷懶的印象。「努力不來」則是做不到努力這件事，例如我們會形容憂鬱症患者是「努力過頭到無法再努力」，而不是在偷懶。

然而這些情況無法從外觀判斷。看似一切正常的人說自己努力不來，究竟有多少人會相信呢？外人無法分辨「不努力」與「努力不來」，只有當事人才明白，也只有當事人才能判斷。

社會大眾無法理解兩者的差異，沒在努力會被當成明明能努力卻不努力，被貼上偷懶、光說不練等負面標籤（詳情留待第三章說明）。

不經意的一句話造成打擊

這個社會不僅不能理解「不努力」與「努力不來」的差別，很多人還會誤用各種激勵的話語。他們的出發點當然沒有惡意，卻很可能會造成反效果。譬如說「你的潛力不只這樣而已，應該能表現得更好」，乍聽之下是在誇獎，卻也可能因為過度期待而造成他人的壓力，把對方逼到絕境（詳情留待第四章說明）。

我們都可能在不知不覺中打擊他人幹勁，還以為自己在鼓舞士氣。**有時候，默默守候才是最好的鼓勵。**

努力不來的人也想努力

努力不來的人心裡是怎麼想的呢？

聽到別人說「不用勉強自己」，就真的能放輕鬆嗎？難道他們都沒想過要努力獲得周遭肯定嗎？難道都不曾期待別人能更了解自己的困境嗎？努力不來的人真的做不到努力這件事嗎？

我曾在醫療少年院看過努力不來的少年們因為一些刺激而展現出人意料的一面，只要了解真正的需求，也能奮發努力。我會透過分析少年的三個願望，發掘他們真正的需求（詳情留待第五章說明）。

努力不來的人究竟要在什麼情況才會卯足全力呢？要提供什麼才能讓他們認真起來呢？從當事人所擁有的資源中摸索，便有機會找到未來的出口。

大家都不想伸出援手的對象才是真正需要幫助的人

真正需要幫助的對象究竟是什麼樣的人呢？坦白說，就是我們都不是很想主動伸出援手的那種人。

這些人因為努力不來，做事很難有成果。也因此他們缺乏自信，容易陷入負面思考與被害妄想：「我又被罵了！」「反正我就是沒用！」「大家一定都瞧不起我！」你會想親近這種人嗎？

以有被害妄想的孩童為例，就算班上同學向他親切打招呼，他卻會認為對方把自己當白痴，甚至因此動手。

而面對大人，有被害妄想的孩童會擔心：「我什麼都不會，你們是不是有一天會拋棄我？」因而故意做出偏差行為來試探大人。這些偏差行為都是大人眼中的壞事：說謊、偷拿父母的錢、言語攻擊、動粗、順手牽羊、夜晚在外遊蕩等等。專業的助人工作者多半能理解這些孩子屢屢使壞的真正理由，不過看在一般人眼裡不過是「問題兒童」。

實際上這些孩子大多有發展障礙但不曾就醫，直到惹事生非到一定地步，遭到警察逮捕，進入少年鑑別所[03]才終於發現原來有發展障礙，要是能早一點接受特殊教育或許就不會落到今天的下場了。我的上一本書《不會切蛋糕的犯罪少年》也介紹過這種情況。這些孩子成年之後更難獲得諒解，他們不僅不努力還成天抱怨、嫌東嫌西、只會指責別人。遇上這種人，比起伸出援手，保持距離才是人之常情吧？

虐待兒童的家長也是一樣。看到家長虐待無辜的孩子，自然怒火中燒，然而若想拯救眼前的孩子，就得協助這些家長改善——這正是矛盾之處。

前文可以彙整成以下四點：

03 **少年鑑別所：**類似臺灣的少年觀護所。

- 努力不來的人更需要援助。
- 大家都不想幫忙的人其實更需要幫助。
- 對方假裝若無其事，所以必須伸出援手。
- 對方不會自行求助，因此必須主動出擊。

那麼究竟該怎麼對這群人伸出援手呢？

這件事情沒有公式可以依循套用，不過還是可以下點工夫。只要找到**「努力的開關」**，努力不來的人也能發揮驚人的實力。此外，獲得周遭援助者的認同也能促使他們建立起自信。

第六章會介紹援助者的矛盾心理與協助努力不來的人發揮全力的方法。

幫助他人的人也需要幫助

對需要幫助的人伸出援手，最重要的是援助者自己也願意努力。

醫療少年院一年會舉辦好幾次家長會，讓家長與教官面談。一般認為家長在少年的更生過程中扮演很重要的角色，所以最關鍵的是促使家長打起精神：

「為了這個孩子再努力一次看看吧！」

在家長會上告知家長少年有哪些問題，甚至否定他們的教育方式、指導他們該如何對待孩子，只會造成反效果，讓家長更沒自信，以致子女離開少年院後也不願意主動伸出援手。所以教官會慰勞家長：「您照顧孩子真的很辛苦，接下來（孩子在少年院的這段期間）就交給我們吧！」

這些家長從以前就一直為了孩子向校方道歉，向鄰居道歉，向警察道歉，來參加少年院的家長會時自然也以為「又要挨罵了」。然而教官的態度卻如此客氣，還口頭慰勞，不少家長都大吃一驚。每次來探視，看到孩子愈來愈有禮貌，學會說感謝的話，重新湧起為了孩子再次努力的勇氣。家長是離孩子最近的援助者，第七章會介紹如何鼓勵這些家長。

不僅是家長，其他援助者也必須保持身心穩定。實際上援助者也會有努力不來的時候，有時是因為援助端彼此沒有默契，或是互相推託、互扯後腿，這些問題則留待第八章分享。

第2章

「不努力也沒關係」是真的嗎？

「頑張らなくていい」は本当か？

我不是不努力，只是做不到你滿意

どうしても頑張れない人たち

「努力」究竟是什麼？

中文的「努力」根據《教育部重編國語辭典修訂本》的解釋，是指「把力量盡量使出來」，相似詞有「極力」、「竭力」、「盡力」，相反詞是「懈怠」，相關俗語和成語則有「胼手胝足」、「廢寢忘食」、「殫精竭力」，我們也習慣用「不經一番寒徹骨，哪得梅花撲鼻香」、「吃得苦中苦，方為人上人」來激勵他人。從這些聯想和情境來看，努力一詞給人咬牙苦撐、堅持到底的印象，也是我們對人生的既定概念。畢竟除非是富二代或天才，否則誰的人生無須賣力奮鬥呢？

以在都市工作的上班族為例，多半得每天早上在固定時間擠進電車去上班，給人「為達目的，吃苦耐勞」的印象，光是通勤就得很努力了。對於大多數人而言，不努力便無法生活。

對於努力的誤解

另一方面，以下宣傳標語也經常可見：

「不努力也沒關係。」
「活得輕鬆一點。」
「不用再忍耐了。」

相信這些話讓不少人鬆一口氣。這些話其實是對著那些已經卯足全力、奮鬥至今的人說的，呼籲他們無須再強逼自己忍耐，不用努力到自我犧牲。例如憂鬱症患者，絕對不能鼓勵他們「努力」。他們罹病的多數原因正是努力過頭到筋疲力竭，要他們繼續努力等於是施加壓力，造成病情惡化。

「不努力也沒關係」、「不用再忍耐了」的真正意思是：前提還是要努力與忍耐，不過不需要做到過度的地步。舉例來說，日本的文化不是只看結果，也會觀察過程，也就是努力的過程會影響評價。

我不清楚現在的評分方式，不過我考大學的時候，京都大學入學考規定物理科的答題卷右側用來填寫答案，左側是計算紙。閱卷老師會連計算過程一併評分，就算答案是錯的，思考過程正確也能拿到部分分數。這種方式正是評鑑過程，為解題時的努力程度打分數。

換句話說，「不努力也沒關係」、「不用再忍耐了」是用來慰勞已經努力與忍耐過的人，不是還沒開始努力的人用來逃避的免死金牌。但不努力的人看到媒體宣傳「不努力也沒關係」，有時不免會誤以為：「原來不需要努力啊！」

最簡單易懂的例子是小學生。大多數小學生之所以乖乖坐在教室裡的動機不是「我喜歡上課」、「我想上課」、「學習新知很有趣」，而是「我怕挨爸媽罵」、「我不想挨老師罵」、「我不想輸給朋友」，所以找到機會就想偷懶。尤其是「不努力也沒關係」這句話倘若出自於自己信賴的大人口中，一定馬上就不努力了。

不可否認的是，想在這個社會上生存，總有需要努力的時候。輕易安慰他人「不努力也沒關係」有時是不負責任的行為，甚至可能導致對方逃避眼前的問題。例如安慰不擅長算術的學生：「雖然你算術不好，可是你認得很多國字。」雖然這句話沒有要學生放棄算術的意思，卻也沒有引導他在算術上多下工夫。現在不努力解決問題，之後上課一定跟不上，到時候是誰要來負責呢？

「現在這樣就好」真的好嗎？

我目前在某個地方政府單位負責發展障礙的諮詢，來訪的多半是小學低年級學生家長。常見案例是：「哥哥姊姊念書都沒什麼問題，這個孩子卻怎麼樣也考不好，我們想知道究竟是為什麼？」

藉由智力測驗等多種檢查，發現多半案例都是臨界智商——智商七十至八十四，雖低於正常數值，但沒有明顯的智能障礙問題。大多數家長聽到這個結果都會問我：「原來這孩子成績不好是因為臨界智商，那麼我們該怎麼幫助他呢？」雖然做了不見得會改善，但是如果有機會好轉，做父母的總會想為孩子盡一份心力。我身為醫師也是同樣心態，會盡力告知家長所有對策。

不過有時也會遇到家長對我說：「這孩子不會念書沒關係，照他的步調輕鬆過日子就好，我們只是想知道他為什麼念不來。」我很明白這些家長的心理，孩子缺乏學習能力卻強迫他在課業上有所表現是很殘酷的事，但我總是無法贊成這種做法。家長擅自決定子女「不用功念書也沒關係」，這樣真的好嗎？

臨界智商的孩童由於沒有明顯的智能障礙特徵，在小學通常是上普通班。不過在過去一段時間，世界衛生組織（WHO）曾將臨界智商歸類於智能障礙（一九六五年至一九七四年《國際疾病分類第八版》〔*ICD-8*〕）。臨界智商孩童的發展程度約莫是正常兒童的八成，也就是十歲的身體卻搭配八歲的心智，相當於小學四年級的班級裡摻雜了一個小學二年級的學生。

如果就這樣讓臨界智商的學童不念書直到高中，他每天會過著什麼樣的日子呢？一直坐在教室裡卻聽不懂老師在說什麼，跟不上班上進度，也參與不了同學間的閒聊，可能因此遭到孤立或霸凌，留下痛苦的回憶。而本來就無心於課業的孩子聽到父母說「不念書也沒關係」，一定認為自己拿到免死金牌，更沒意願用功了。

「不用勉強自己。」
「不需要跟大家一樣。」
「我們不一樣，我們都很棒！」

現在經常聽到這些用來鼓勵孩子的說法。我沒有要否定這些話的意思，這些話的確很有道理，但我覺得這些話的意義是建立在孩童本人也作如是想。周遭的大人不事先確認孩童的心情與意願，擅自決定他的未來，反而會害得孩子連做得來的事情也不去嘗試，失去成長的可能性，甚至淪為受害人。

詢問孩子的意願時，不見得會有明確的答覆，甚至可能連問題也聽不懂。但是我希望大家發揮想像力，回想自己小時候的情況：就算父母覺得無所謂，結果大家都會，只有自己做不到時，一定很難過。

擱置應當解決的課題，日子久了一定會愈活愈痛苦。是否選擇妥協，應交給孩子本人決定，而不是身邊的大人。

偏見造成的障礙——中度智能障礙少年大變身

關於援助者的擅自判斷阻礙了孩童成長，我個人也有必須深加反省的類似經驗。

我在醫療少年院擔任精神科醫師時，一名智力測驗結果約五十（一般平均約一百）的少年來報到，就叫這孩子A同學吧。智商五十將近中度智能障礙，別說是念書了，連自理日常生活都有問題，溝通也僅限於簡單的對話，無法開玩笑或進行比較深度的對談。因此A同學當然沒辦法把蛋糕均分為三等分；認不得國字，只能勉強唸出平假名；不會算術；幾乎做不來簡單的圖形臨摹。

A同學之所以來到少年院，是在收容智能障礙者的機構對職員動粗。部分智能障礙兒童因為無法以言語表達情緒，煩躁時會一不小心動手。A同學接受診察時一臉茫然，聽到任何問題只會點頭稱是，連一般日常對話都談不來。

那陣子少年院正在挑選接受「認知功能強化訓練」（Cognitive Training, COG-TR，強化認知功能的練習，利用紙筆鍛鍊視聽覺與想像力，建立學習基礎）的學員。智商高的少年沒有智能障礙問題，無須受訓；智商過低（中度到重度智能障礙）的少年則是受訓也看不出成效。因此挑選標準是輕度智能障礙或臨界智商的少年。

為了確保大家專心上課，每組約十人。起初挑選受訓學員時，A同學沒有在名單上。後來因為其中一名受訓少年屢次違規，少年院突然提出要更換組員。此外，我從負責管教A同學的教官口中聽到他很想參加訓練。我想他應該搞不清楚是怎麼一回事，只是因為大家都去，覺得好像很好玩。最後死馬當活馬醫，硬是讓他參加了。

我不確定接下來發生的情況可否稱作「奇蹟」，不過這件事大幅影響了我之後協助少年們的心態。

A同學比任何人都投入訓練，完成一個又一個課題，遇到不懂的題目就來問我。四個月之後，所有受訓少年接受成果測驗，一般認定相當於智力測驗的認知功能檢查，是無法經由訓練改善結果的，但A同學受訓之後，認知功能檢查的分數居然將近九十（平均值為一百）。

不光是智力測驗，A同學就連日常生活也出現驚人變化：逐漸主動開口，行動也愈來愈敏捷。後來他參加運動會時，甚至代表少年院在眾人面前宣誓，簡直判若兩人。來看診時，表情也一次比一次生氣蓬勃，最後一次門診時還告訴我：「我開始聽懂老師在說什麼，我想念大學。」

A同學只有國中畢業，我不確定他究竟明不明白上大學的意思。之前我看過許多少年受訓後大幅成長，但成長到判若兩人的只有A同學一人。A同學讓我強烈反省到，**有些孩子明明有機會成長，之所以出現發展障礙，是我們這些大人擅自認定他做不來、硬逼很可憐，不讓他念書或接受訓練所致。**

倘若當時A同學沒能候補參與受訓，現在會過著什麼樣的日子呢？究竟誰有資格說「要求他做也只是傷害他」？究竟誰才能決定「什麼都不做最好」呢？

「不要勉強」和「不用努力」是兩碼子事

孩童做不來的事，就不該去勉強他，但這不是指阻止他努力。人生在世，總得要求自己努力才能生存下去。接受義務教育時，在家長和教師的羽翼下無須努力也能度日；一旦畢業進入職場，不努力一定會被開除。

假設有個認真努力的孩子，某天在托兒所練跳繩練過頭而扭傷了腳，父母要他「不用再練了」。每當他想挑戰時，父母總會搬出這個例子，對他說：「你就是太認真，不要勉強自己。」此後他以為無須努力，變得什麼也不做，家長依舊持續安慰，從不要求他努力。結果他不念書也不運動，不再挑戰任何事物。長大後他表示：「要是當時爸媽要求我努力就好了。」

我反對勉強小孩做做不來的事，然而不讓他努力，最後吃苦的還是孩子自己。

辭職也沒關係的風潮

相較於過去的日本社會是進了公司就一路做到退休，現在的大學畢業生據說有三成的人第一份工作做不到三年就辭職。

辭職原因如果是價值觀改變或是想嘗試轉換領域倒是無所謂，而就我在網路上看到的理由多半是：工作內容跟原本想的不一樣、和同事不和、薪水太低等等。我同意沒必要勉強自己將就不適合的工作，但這是努力過的人才能說的話。連試都沒試，覺得討厭就不幹，這樣的心態會造成什麼樣的結果呢？

當年泡沫經濟時期是人挑工作，不像現在是工作挑人。以前我曾在雜誌上看到求職者高傲地說：「我是用公司廁所的整潔度來挑工作。」抱持什麼心態找工作是個人自由，景氣好的時候，這種態度也找得到工作。然而現在大環境惡劣，想必沒幾家公司會積極錄用只是因為討厭就辭去上一份工作的人。這種人無論怎麼換工作，恐怕都做不久吧。

第3章

努力了也做不來的人

頑張ってもできない人たち

我不是不努力，只是做不到你滿意

どうしても頑張れない人たち

無人肯定就不能說是「做得到」

「如果你努力，我就幫你」這句話背後隱藏了「如果努力不來該怎麼辦」這個疑問。

在討論努力或不努力之前，本章要分析「努力了也做不來」的人。首先，如何判定「做得到」與「做不來」就是個問題，就算自己認為做得到，看在別人眼裡可能根本沒做到。

最簡單明瞭的例子是考試分數。以為很簡單，都答對了，結果考得很差；以為很難，答不出幾題，結果成績比想像中來得好。大學入學考試也是一樣，就算自認已經很用功了，分數不好就稱不上「學會了」。也就是重點不在於自我評價，而是由他人評價決定結果。換句話說，必須提出成果並獲得肯定，才稱得上「做到了」。

以工作為例，向主管表示「我對這方面有興趣也很擅長，很願意做」，但做了之後沒有為公司獲利，就不會得到肯定，稱不上「做到了」。

其他例如「學業成績很差，不過打電動能全神貫注好幾個小時」也是屬於喜歡的事情再怎麼努力也不會被當作能力，反而遭到父母嫌棄：「我家小孩成天只會打電動，一點用也沒有。」

所謂「努力就會成功」、「努力就會幫你」，指的是要能做出學校或公司認同的結果。

賺不了錢就被當作沒用

無論是多麼厲害的電玩高手，倘若無法用打電動來填飽肚子或發財致富，就算不上「努力過」。如果小孩不念書，成天躲在房間裡打電動，還號稱自己在努力，父母一定覺得不安又憤慨：「這孩子是在說什麼鬼話！」

成年人也是一樣。無論多麼努力，只要努力的成果無法換得金錢的報酬，只會被當成怪人看待，遭人批評：「這傢伙到底在搞什麼啊？」連努力本身也會遭到否定。

然而，乍看之下毫無意義的行為倘若能換來金錢，眾人的態度頓時截然不同。近年來電子競技（eSports）廣受矚目，出現許多職業電競選手。部分比賽的冠軍獎金超過十億日圓，甚至出現年收上億的玩家。假設原本以為小孩只是關在房間裡打電動，實際上是默默賺進上億日圓的電競高手，別說是計較努力與否了，父母甚至會引以為傲，對孩子的評價突然從「只會打電動」轉變為「練功很認真」。打柏青哥和賭博也是一樣，要是賭到能靠這些事情賺錢，評價馬上從「好吃懶做的賭徒」變成「深謀遠慮的高手」。

這實在非常不可思議。**一般世人認定努力與否的標準其實跟成果能否轉換為金錢有關。**志工與家事都是充滿意義卻無法獲利的活動，我不是要否定這些活動，但不可否認的是現實生活中的確存在「賺不了錢＝不努力」的價值觀。

愈活愈辛苦的惡性循環

無論打電動或其他嗜好，能為喜歡的事物付出並以此維生或許是至高無上的幸福，然而現實生活中能做到的人恐怕是鳳毛麟角，大部分的人都必須勉強自己從事不喜歡的工作來過活。

鼓勵努力不來的人從嗜好開始發揮是沒錯，問題是單憑嗜好無法維生，而要求他們做沒興趣的事情也很困難，換句話說就是進入以下惡性循環：

無法靠有心努力的事維生。

⬇

必須做不喜歡的事。

缺乏動力。

⬅

努力不來。

⬅

在這個社會，努力不來的人非常難生存。

對於成績的誤解

有的孩子「努力了也做不來」，儘管如此，站在父母的立場，仍然會想盡辦法刺激子女好好奮發努力。相信不少家長都認為自家孩子「試了就會」，並且這麼鼓勵小孩：

「只要多試幾次，你一定可以的！」

這句話究竟束縛了多少人，教多少人為此痛苦不堪呢？

有些孩子無論外人如何激勵、本人如何賣力，就是做不來；而這些做不來的孩子又被迫得和做得來的孩子比較。補習班有時會頒發優秀成績獎給功課好的學生。得獎的孩子當中有些是孜孜不倦後獲得甜美的果實；有些是原本就頭腦聰明，考到好成績簡直易如反掌。而拿不到獎的孩子裡卻有人是怎麼焚膏繼晷也考不到好分數。

令我感到疑惑的是評價造成眾人的誤解：

好成績＝很努力

壞成績＝不努力

這世上有些孩子就是怎麼勤奮苦讀也念不好書，還因為拿不出成果而遭人誤會是「不努力」、「在偷懶」。

對於運動的誤解

過去眾議會召開「青少年問題特別委員會」時，我曾經以該領域專家的身分出席。當時討論的議題是體罰和霸凌，坐在我兩旁的是曾在奧運奪牌的運動員。會議上依照座位順序，由右到左依序發言。

我記得討論過程中，運動員表示應當透過運動培養團結合群、互助合作、互敬互重等健全的精神。透過運動的確能獲得珍貴的經驗，培育出健全的精神，但我總是不免想到：「那些不擅長運動、討厭運動的孩子又該怎麼辦呢？」

這其實是源自我的親身體驗。

我從來沒在運動時感受過團結合群、互助合作、互敬互重的精神。我跑得很快，但球技拙劣。升上國中時因為哥哥曾經加入籃球隊這個單純的理由而選了籃球社，踏出失敗的第一步。

我不擅長運球，投籃總是失敗，學長還以「沒打招呼」等理由逼我做嚴苛的訓練，所以我經常蹺掉練習。當時籃球社分為一軍到四軍，我基本上都隸屬三軍，連熱身賽都不能參加。國中三年唯一一次參加正式比賽的經驗只有五分鐘，而且是一場確定會輸掉的比賽。

堅持了三年也不過爾爾。我在國二學期即將結束時向父母表示想離開籃球社。起初父母強烈反對，後來了解我的心情，告訴我：「你想退出的話，什麼時候都可以。」或許是因為終於有人理解我而安心了下來，我反而持續到最後，並未半途而廢。

國三時，社團練習對我而言只是看隊友的熱身賽，我甚至帶著英文單字冊去背單字好應付段考。即使隊友打進錦標賽，我也無法抱持祝福的心祈禱他們獲勝。當看到大家比賽輸了，確定所有國三隊員要退出社團時，我打從心底鬆了一口氣。對我而言，國中時代的社團活動不過是心理創傷，現在仍會在夢裡出現。

直到現在我仍舊不覺得單憑運動能培養出健全的精神，比我更沒運動神經或討厭運動的兒童應該遭遇了比我更痛苦的體驗。學業成績和運動表現都不是努力就會有成果的，有些人就是努力不來。擅長運動的孩子看起來「很努力」又耀眼，不擅長或討厭運動的孩子看起來就是「在偷懶」。

或許有些人會認為，運動神經不發達的孩童也能從失敗的運動經驗中學到一些教訓。比賽屢戰屢敗或一次也沒上場，的確各自有其意義，然而能從中發掘出意義的兒童恐怕是少數。**認為孩童能明白每件事情都具有意義，不過是成年人任性的願望與幻想。**

認知功能低落引發的問題

究竟是哪些人努力不來呢？第一種就是我在上一本書《不會切蛋糕的犯罪少年》介紹的——認知功能低落的人。由於視聽覺與想像力薄弱，無論如何努力都無法吸收正確資訊，導致總是朝錯誤方向前進，因此屢屢受挫失敗，最後覺得付出心血都是白費力氣，再也提不起勁努力。世界各地的研究報告（田中道治等人）也指出，智能障礙兒童經歷多次失敗後，對於成功的期待會逐漸下降。

認知功能低落也會導致無法客觀看待自己。《不會切蛋糕的犯罪少年》裡提過，犯錯的人必須先正確了解自己的現狀，才能察覺問題與課題，產生「我要變得更好」的想法，進而奮起改變。而認知功能低落的人無法客觀審視自己，認為「我沒問題」、「我是好人」，自然無心改善。

不擅長預測引發的問題

奮起努力還需要另一個關鍵——預測推想的能力，也就是預想達到目標前該怎麼做才能達成第一步，所以先努力做到這一步。這種預測推想的能力又稱為「探索的深度」，與能否思考到接下來幾步有關。

認知功能低落的人不擅長推測，最多只能推想一到兩個步驟。根據心理學家赫曼・史匹茲（Herman Spitz）等人的研究，智能障礙兒童的探索深度只到第一步。

假設學校指定的功課是「記國字」，需要的預想能力如下：

記國字

【第1步】受到稱讚。

⬅【第2步】產生幹勁。

⬅【第3步】考到好成績。

⬅【第4步】上好學校。

⬅【第5步】找到好工作。

兒童比較無法推想到很久以後的事，能想到第四步的「考上好學校」就不錯了。想到將來能上好學校，自然會提起勁努力。

而智能障礙孩童的認知功能低落，最多只能想到第一步「受到稱讚」，於是鼓起幹勁；反之，沒人稱讚時就失去動機，無法努力：

記國字

【第1步】無人稱讚。

【結束】不記國字。

當然實際情況沒有這麼單純，不過基本上相差無幾。

感受到努力的必要性需要具備推想到下幾步的能力。認知功能低落的孩童不擅長預測推想，所以提不起勁努力，永遠只停留在第一步「受到稱讚」或「無人稱讚」。隨著長大成年，聽到讚美的機會更少了；加上此時也累積了不少挫折經驗，更是努力不來。

缺乏預測推想的能力除了會造成無法努力之外，還可能導致犯罪。

假設現在手頭缺錢卻需錢孔急，而眼前恰好出現身懷鉅款的人。這時要是搶了對方的錢，會出現什麼後果呢？也許現階段能拿到錢，但之後可能遭到警方逮捕。能預想到這一點就會對搶錢有所猶豫，進而思考到第二步之後的情況，避免犯罪行為：

需要錢

【第1步】從眼前的人身上搶走錢。

⬅

【第2步】可能遭到警方逮捕。

⬅

【第3步】思考其他方法，向別人借借看。

倘若只能思考到第一步，自然會去搶錢，也就是犯下強盜罪。得逞會促成再犯，失手則可能強盜未遂或遭到逮捕：

需要錢

【第1步】從眼前的人身上搶走錢。

⬇

【結果】得逞／失手。

觀察社會事件會發現犯人往往衝動行事，不顧前因後果，我認為是因為缺乏預測推想的能力。

無法制定符合自己能力的目標

預測推想的能力也是制定目標所不可或缺的要素。

例如：秋天開學時有模擬考，目標是考進前五十名；秋天有重要的社團比賽，想要奪得冠軍；秋天之前要存到十萬塊，好買下喜歡的東西。這些基本上都是個人能力所及的目標，就算缺乏預測推想的能力，目標本身也不是遙不可及的夢想。

我曾經問過少年院的少年：「你覺得五年之後，自己在做什麼？」這些少年才十多歲，答案卻多半是：「認真工作，結婚生子，建立幸福美滿的家庭。」其中有些少年是因為犯下性侵而進入少年院，考量到這些背景，我有時不禁覺得他們預想的未來與現實有著天壤之別。

出乎意料的是，不少少年「想進入演藝圈當歌手」。由於從外表實在看不出當歌手的實力，我委婉地提出質疑：「聽說當歌手很辛苦？」他們非常誠懇地表示：「我從以前就很想當歌手。」我不禁覺得這些少年缺乏預測推想與客觀審視自己的能力。

設立符合自己能力的務實目標，只要有心努力便可能實現。達成目標能建立自信，進而朝下一個目標邁進。不切實際的目標往往殫精竭力也難以實現，不斷遭遇挫折，然後半途而廢。每次失敗都會消磨自信，最後再也無法提起勁來努力。屢戰屢敗也與認知功能之一的預測推想有關。

問題出在需求層次

第一章開頭稍微提到努力不來的理由之一是需求層次尚未獲得滿足。人類有渴望嘗試與努力等自我實現的需求。根據心理學家馬斯洛的需求層次理論，「自我實現的需求」屬於最高層次，是建立在「生理的需求」、「安全的需求」、「愛與歸屬的需求」、「尊嚴的需求」都滿足的基礎上。所以必須先滿足前四層需求，才會湧起想要努力的想法。

首先是「生理的需求」，指的是人類最基本的需求，例如對食物、氧氣、睡眠的需求。餓到瀕臨死亡邊緣時，自然不會想努力。

其次是「安全的需求」，例如小小孩在探索新世界時會留意母親是否在身邊，倘若突然看不到母親，便會害怕不安到停止探索。換句話說，當無法確保生命安全，身陷危險時，例如即使無須擔心飢餓，卻無家可歸、必須露宿街頭等情況，便無法振作努力。

第三是「愛與歸屬的需求」，又稱為「社交需求」，意指希望在團體中找到自己的一席之地，或渴望與團體成員建立人際關係，彼此信賴。就算無須擔心飢餓與住宿，無人關愛、沒有歸屬也還是無法提起精神來努力。

最後是「尊嚴的需求」，代表希望獲得他人尊重與認同。在團體中總是遭人輕視或否定，也很難有心努力。

倘若孩童遭到疏忽或虐待等不當對待，譬如父母不給飯吃、動粗、冷漠無視、言語暴力等等，代表四大需求中至少有一項未獲得滿足，無法來到最高層次的自我實現的需求，這種情況下是要他怎麼努力呢？

我在學校經常聽到此類案例。我前往學校提供諮詢服務時，有些老師常表示某個學童的家庭情況不明，而且懷疑可能受到虐待，並詢問我：「這孩子來學校都無心上課，該怎麼激發他的學習熱忱呢？」

我的回答是：

「老師，如果你肚子都填不飽，家裡失火沒地方住，這種時候你還能打起精神上班嗎？」

經我這麼一說，對方才終於明白這學生為何無心向學。

孩童無心向學也是受虐的徵兆之一。如果發現孩子無心念書或努力不來，必須先確認他的生長環境有無問題、是否遭到虐待。

想跟大家一樣

當努力不來的孩子慢慢察覺自己能力不足，很多事情都做不到，可能會開始聽到如下的鼓勵：

「不用太在意這些事。」

「你也有擅長的事。」

「要對自己更有信心。」

但就算聽到這些話，還是會在意自己做不來。我印象最深刻的是，一位相當不擅長念書的國中生被問到「將來想做什麼」時的回答：

「我想要變得聰明又體貼，受到大家信賴。我的程度跟大家不一樣，所以老師覺得我是個笨學生。」

他是臨界智商，代表身體雖然是國中生，精神年齡大概相當於小學中年級。我本來以為他完全沒發現自己程度不如人，也不是很在意自己不會念書。我對自己如此擅自認定感到羞恥，其實他很希望能追上大家的程度。

「我不是不想努力。」
「我知道，可是我做不來。」
「我想做出一番成果。」
「我希望被肯定。」
「我很在意別人的眼光。」
「我希望有人懂我。」

我感覺自己聽到他內心的吶喊。

儘管援助者常常對這些孩童說「不需要跟大家一樣」，我認為他們內心深處還是「希望變得跟大家一樣」。我認為比較好的方式是：在努力的過程中慢慢與做不來的自己妥協，接受這個事實，並找到如何跟真正的自己相處。

然而大多數的援助者無視這個過程，用自以為是的鼓勵把他們逼到絕境。其實這種鼓勵會對他們造成額外的壓力，甚至喪失努力的動力。更嚴重的是援助者並無惡意，認為自己是在做好事，為對方打氣。

下一章介紹援助者的鼓勵反而打擊孩子的例子。

第4章

やる気をうばう言葉と間違った方法

錯誤的鼓勵把孩子逼到困境

どうしても頑張れない人たち

我不是不努力，只是做不到你滿意

大人多說的「一句話」打擊孩子

前三章以孩童的角度說明努力不來的背景，這個章節則說明源自外界的理由，尤其是周遭人無心的言行很可能讓孩童意氣消沉。

大家是否有過正想提起勁來做點什麼的時候，卻因為他人一句無心的話，頓時變成一顆洩了氣的皮球呢？例如正打算用功，父母一句「趕快去念書」反而激得自己心想「反正爸媽就是認為我不會用功」，落得心灰意冷。周遭人無意的一句話或特意強調權威的發言，應該潑了不少人一身冷水。

本章結集了家長、校方、周遭大人等應當援助兒童的人卻打擊孩童的案例。努力不來不僅是資質問題，有時還起因於周遭的錯誤應對。明白哪些應對做不得，自然能減少消弭熱忱的次數。不多管閒事，避免澆熄兒童的熱忱，就結果而言也是援助的一種。

但當援助者對自己的指導感到不安，內心自然會抱持著質疑或焦躁的情緒：

「現在的做法真的沒問題嗎？」

「一直什麼都不說真的好嗎？」

「我要是袖手旁觀，他可能會失敗。」

「要是我不說，別人也不會開口。」

不安迫使自己覺得非做點什麼不可，結果忍不住說出那句不必要的話。愈是覺得必須為孩子著想，就愈是想激勵對方，最後陷入惡性循環。

以下依序介紹會讓孩子感到挫折的常見話語。這些多餘的一句話絕不是為了刻意打擊或以惡意為出發點，反而是希望對方提起勁來努力所說的鼓勵，當初開口是出自好意。儘管如此，這些激勵卻對孩子帶來不小的負面影響。

「再用功一點」

某位知名英文老師接受報紙採訪時，詢問一位每天要求孩子多念書的母親：「要是周遭的人天天盯著妳，要妳減肥，妳心情如何？」要是每天有人對自己說這種話，日子久了或許會萌生殺意也不一定。相信這個譬喻應該能讓大家明白為什麼不能天天逼孩子用功。

女性立志減肥的契機可能是希望喜歡的人注意自己，或是想當模特兒。無論如何，下定決心的是本人，而非旁人，周遭的人出意見就是在多管閒事。念書和學習也是一樣，不該是聽到命令後才去做的事。真正的捷徑是父母成為孩子的榜樣，讓他們覺得要是認真念書就能變得跟父母一樣，開始自主學習。

此外，孩子念書之前囉哩囉嗦、嘮嘮叨叨也會招致反效果。例如當孩子正打算要認真念書，父母突然來一句「功課做完了嗎？趕快去念書！」反而會潑孩子一桶冷水。

孩童聽到父母嘮叨的第一個反應往往是：「不用你講我也知道！」即使有些孩子聽了這番嘮叨而去念書，不過是單純服從父母的命令。與父母關係不和睦的孩子還會基於反抗心理，更不願意念書。最糟糕的是，看到小孩開始念書，父母反而誤會成「果然還是要我催，這孩子才肯念書」，更是常把「去念書」這句話掛在嘴上。無論是何種狀況，這句命令不過是引發更多惡性循環罷了。

「可是啊……」「不過你也……」

這也是典型的「不該說的一句話」。

孩童想表達自己的心聲時，有些人是拚命訴說，有些人則是斷斷續續、結結巴巴。教育界經常提到援助學童的做法之一是「用心聆聽孩子的訴求」，然而真正做到這點的人實在很少。許多家長儘管想要聆聽子女傾訴，卻往往聽到一半便發表起自己的意見，開始說教和訓斥，強迫對方接受自己的想法。

少年院也曾發生相同情況。一名沉默寡言的少年經常動粗，教官不知該拿他怎麼辦。後來教官下定決心要聆聽少年的心聲，兩人約好時間與地點。那天，少年慢慢說起平時對教官的看法、對日常生活的不滿。

少年平時應該累積了許多委屈與不滿，教官也默默聆聽，直到他傾訴完畢。「你真的吃了很多苦頭，我明白你的心情。」聽到教官這句話，少年露出安心的表情，終於冷靜下來。我在旁邊看了也不禁覺得教官不愧經驗老到。正當我作如是想，教官突然冒出一句話：

「但是你會這樣想表示你也有問題……」

我這輩子認為最不該說出這句話就是那個當下！少年的表情逐漸僵硬，而教官更是開始發表長篇大論，認定少年聽完後會大澈大悟，自我改變。隨著教官的說教，少年最後露出失望透頂的神情，再也不發一語。此後的情況如同大家意料，少年再也不曾對少年院的任何教官敞開心房。

相信大家都能明白少年渴望的不是教官的忠告，而是同理自己。但教官別說是同理了，甚至還否定他，原本打算改變自己的少年就此關上心房。一旦下定決心傾聽對方的心聲，就算對方說完也不該做出任何評論。

犯罪少年家長共通的心聲

醫療少年院會召開家長會，邀請少年的家長參加。有時會請孩子已經離開少年院的「前輩家長」分享自己的經驗。以下是家長會上聽到的悲痛心聲：

「能做的都做了，我還能怎麼努力呢？」

「說父母變了孩子就會跟著變，都是騙人的。」

「對鄰居都要躲躲藏藏的。」

「要是能跟這孩子一起死的話，就什麼事都解決了。」

儘管全心全意陪伴子女，最終還是淪為犯罪少年。孩子已經更生的家長了解這種絕望的心情，所以絕對不會責備其他擁有同樣經歷的家長，更不會對他們說教，而是靜靜傾聽與分享。

仔細聽著他們的交流會發現一個共通點：「孩子老是抱怨我不聽他說話，只有朋友才是講心事的好夥伴。」我想家長可能也是出於許多理由才無法好好聆聽子女傾訴，結果卻在孩子心中留下無人願意聆聽的印象。

孩童遇到困難或遭受霸凌時，可能曾經向大人傾訴好幾次，但始終沒有人傾聽自己訴說到最後，或者聽完之後加以反駁，甚至說教。這種情況持續久了，孩子感覺不到家是自己的歸屬，對父母關上心門，選擇夜晚在外徘徊，尋找願意肯定自己的同伴。從少年院的家長會可以得知，「單純的聆聽」是多麼困難又至為重要。

「你應該能做得更好」

有時孩子努力做出成果，大人以為印證了「努力就會成功」、「試了就會」的道理，於是更加激發他成長：「你應該能做得更好，繼續努力吧！」事實上，孩童本人可能已經努力到了極限，聽到大人如此要求，不知究竟該努力到什麼地步才能獲得肯定，導致害怕不安，無法再努力下去。

有些孩子表現得任何事情都能輕鬆勝任、遊刃有餘，看在大人眼裡則認為「這孩子只要有心就做得到」，甚至誤以為既然能做到這個地步，一定想嘗試更多、做到更好，於是更加激勵他前進——這不過是我們的自以為是。**兒童期望的是大人了解自己的步調，明白自己的需求，認識真正的自己。**

某位大學老師曾經跟我分享他自己的切身體會。他說自己小時候十分優秀，做什麼都表現優異，父母和老師總是對他說「你應該能做得更好」，努力的結果是收到更多課題。這番體驗導致他現在最討厭的莫過於「受人期待」，只要有人期待就想逃走。

優秀的人總是活在周遭的期待之下。他人的過度期待不過是自私的心理，很可能對對方造成打擊與陰影。

「所以我不是告訴過你了嗎？」

孩子有時會無視師長勸阻執意去做某些事，當挑戰失敗，大人不免會說一句：「所以我不是告訴過你了嗎？」為了讓孩子累積「試了就會」的成功體驗，大人會避免讓他們嘗試不確定性高的挑戰，因為在過度期待的心理下，失敗就等於沒意義。看到孩子嘗試挑戰，大人也會擔驚受怕、煩躁不安，很可能忍不住說上幾句，特別是遇到危險時更是想發表意見。

然而孩子想要挑戰到不惜反抗父母，這時指責「所以我不是告訴過你會失敗嗎？」會造成反效果。**挑戰失敗時，最傷心的是孩子本人，希望能得到安慰。**實際上別說是安慰了，還會招來指責，根本是壓倒駱駝的最後一根稻草。孩子甚至會認為「既然還要落得挨罵，那我以後乾脆都不做了」，失去再度挑戰的熱忱。

「為什麼你總是……」

當孩子答應大人的事情卻屢次沒做到，大人會不禁勃然大怒：「為什麼你總是這樣！」然而兒童這種生物有時就算沒那個意思，也清楚明白不能這麼做，卻還是會沒來由地做錯事，或答應根本做不到的事。動粗、撒謊、食言都是管束不住自己的行為。

指責孩童「為什麼你總是……」就像是在責備他的個性，而不是要求他改善行為。即使有心要改，一聽到大人又開始用「為什麼你總是……」翻舊帳，責備過去無法挽回的失敗，只能閉上嘴悶悶不樂。因為任何回嘴的藉口只會惹得大人更憤怒。

這種循環會把孩子逼入絕境，磨滅所有自信。

以為愛念書就能念得好

本節開始要說明口頭以外的錯誤激勵法。

我們常誤以為不擅長念書的孩子「喜歡上念書就能念得好」，這種誤解導致大人想說服孩子念書很快樂，對孩子施加多餘的壓力。

我想請問大家是否抱持以下成見：

會念書＝愛念書

不會念書＝討厭念書

這兩個等式乍看之下很合理，其實常常不符現況。擅長考高分的孩子當中有些人其實非常討厭念書；而有些孩子雖然總是考不到好分數，但如果有個能讓他安心的對象陪著他一起念書，就算成績不好也會喜歡上學習。特殊教育班的學生稱不上會念書，上學時卻不會擺出一臉痛苦忍耐的表情；資優班的學生各個成績優秀，卻不見得每個人都樂在學習。

從以下等式和疑問就能明白其實我們經常陷入偏見卻不自覺：

擅長交際＝喜歡人？

不擅交際＝討厭人？

擅長運動＝喜歡運動？

不擅運動＝討厭運動？

反過來思考，孩子究竟為什麼討厭念書呢？我要再三強調，喜歡念書且樂在學習的孩子恐怕非常稀少。儘管討厭念書還願意繼續念，往往是因為有朋友或父母陪伴、努力就會得到稱讚等動機支持著他。倘若念書時孤零零也無人稱讚，恐怕就無心學習或討厭念書了。

青春期的少年少女情緒尤其不穩定，看到同儕總是有父母或親人陪伴，自己卻只能孤零零待在家，有時會因為寂寞驅使而在夜間外出遊蕩，尋求玩伴。

對於兒童而言，念書是件很辛苦的事，因此關鍵是陪伴的人，第六章會將這個角色定位為「陪跑員」。

家長不能在子女面前抱怨老師

父母都希望自己的孩子能接受更好的教育，要是感覺老師做不到這點，難免會心生不滿，忍不住在子女面前抱怨老師。當孩子聽到父母批評，會引發其他問題。

譬如家長對老師的評語是：「那個老師好像不是很可靠。」兒童會以身邊最親近的成人言行來判斷他人，通常十分在意父母的意見，要是父母批評老師不可靠，便會開始懷疑老師這個人和他所指導的每件事。假設老師鼓勵孩子「用功念書」，孩子會連這句話都一併懷疑。

此外，努力不來的孩子也極可能以父母的批判為藉口，更不願意奮發努力。

事後沒有輔導不過是「假指導」

不少校園和職場都會提供形形色色的研習或輔導來激發學生和員工，但有時流於形式化，不過是指導者想要強調自身地位或威嚴的恐嚇與騷擾，最典型的是「沒有事後輔導的假指導」。

其實醫界經常發生類似情況。

我還是新鮮人的時候，經常遭受這種「沒有事後輔導的假指導」打擊。實習醫師什麼都不會是理所當然，因此藉由實習接受上級醫[04]的指導，逐漸習得醫療知識與技術。上級醫有時十分嚴格，目的是把實習醫師培育成真正的醫師。而我所經歷的指導多半隱含有心培育後進的溫暖，卻也有部分是想誇耀自己高人一等的傲慢。

例如我正在治療患者時，立刻遭到上級醫阻止：「用這種治療方式當不了醫師，我不會再讓你診療病人了。」光是口頭斥責或許沒什麼，問題是責備完後沒有任何事後輔導。

在某些醫院，上級醫會在眾多醫師面前痛罵實習醫師，其他醫局員[05]卻對此冷眼旁觀，似乎完全沒有心要培育新人。有些醫局[06]散發出「這裡不需要不遵守教授方針的醫師」的氣氛，所謂的指導只是用來誇耀自己的威嚴。

我要否定的不是嚴格指導這件事，而是嚴厲斥責之後施加壓力，甚至強逼對方辭職。這些行為稱不上援助，也說不上指導，不過是源自指導方的自大心理，有時相當於職場霸凌。真正的指導是具備明確的方針與完整的配套，責罵完後會具體說明究竟該怎麼做，後進也能知道該找誰商量。

校園有時也會出現這種假指導。老師耀武揚威地訓斥學生一番，事後卻沒有任

04 **上級醫：**有兩年以上臨床經驗，可以指導實習醫師的醫師。

05 **醫局員：**醫局的醫務工作者。

06 **醫局：**大學附設醫院裡特有的組織，以各科教授為首。

何輔導。這種行為根本稱不上援助，不僅打擊學生熱忱，甚至傷害心靈。倘若有心為學生著想，嚴格指導之前一定會制定好事後輔導。

兒童能敏銳察覺哪些是帶著熱忱與關愛的指導，哪些不過是耀武揚威的斥責。缺乏關愛和熱忱的指責與斥罵只會讓兒童更不相信大人，對今後的人際關係帶來極大的陰影。

稱讚得不是時候

我在上一本書《不會切蛋糕的犯罪少年》主張「單憑讚美教育無法解決問題」（第六章），這句話的意思是，面對不擅長念書的孩子，不輔導課業卻讚美其他部分無法打從根本解決問題。我否定的不是讚美本身，而是錯誤的讚美可能打擊兒童，也會傷害家長。所謂錯誤的讚美指的是「弄錯讚美的時機」。

通常大家聽到讚美是什麼樣的情況，又是由誰說出口才會感到高興呢？想像一個你討厭的人跑來誇獎你覺得根本無所謂的事，你會作何感想？例如對方看到你在撿垃圾，於是誇你「真是了不起」，聽在耳裡一定覺得他在諷刺你吧！

但如果是自己尊敬的人說出同樣的話，又是如何呢？當尊敬的長輩看到你長久以來付出的心血終於開花結果，或是看到你為了志工工作汗流浹背，於是稱讚你

「真是了不起」，想必會特別感動吧。**讚美能否發揮效果，關鍵在於是誰說和什麼時候說。**

在不明就裡的情況下隨意誇讚對方，很可能會引起反效果。

例如家長為了子女的事煩惱到不知該如何是好而向學校老師商量，有些老師的回應是：「您家小朋友很乖喔！個性溫柔，之前還……」這種回應要是時機對了，應該會有好結果；要是時機錯了，可能導致家長誤會「老師根本不懂我家孩子」，引來懷疑的態度。

在給予具體建議之前，家長往往希望對方先同理自己的感受，明白自己吃了多少苦頭又是多麼煩惱。所以比起劈頭就誇獎孩子，先對家長展現同理心更能打動對方。

兒童諮詢所[07]曾經發生如下的情況：一位虐童母親聽到比自己年輕的女性職員誇獎「媽媽最近很努力哦」反而勃然大怒：「妳懂什麼！」

有著這些背景的媽媽們想必至今以來一直被人指責與否定對待孩子的方式，甚至遭到兒童諮詢所以保護兒童為由帶走孩子。對她們而言，兒童諮詢所的職員有時就如同敵人，不過是為了避免孩子被帶走或是想把孩子帶回家，只得乖乖遵從兒童諮詢所的指導。在這種情況下聽到對方的稱讚，別說是感動了，只會覺得對方又在評頭論足、挑三揀四，才會怒氣沖天。這位母親可能心想「我才不想接受這個人的幫助，沒人懂我的心情」，自行遠離會對自己伸出援手的人。

這個案例告訴我們，鼓勵的目的雖然是為對方加油打氣，卻也可能把對方逼入困境。不先考慮對方的狀況與自己在他心中的印象而單方面「誇獎」，反而會深深傷害對方。

07—**兒童諮詢所：**根據《兒童福利法》設立的兒福單位，提供育兒相關諮詢服務。

「是不是不夠愛孩子？」造成的殺傷力

援助者也會對自己的指導方式感到不安，內心的憂慮，加上對其他援助者（例如教師對家長，家長對教師）的過度期待與懷疑，導致說出不該說的話，結果彼此多說一句，相互打擊。其中傷人為深的莫過於孩子發生問題時，直到今日還是有人會說：「是不是家長不夠愛孩子？」

我至今參加過許多兒童案例的研討會與研習會，遇到孩子出現偏差行為時，總會有人提出這種意見，更悲傷的是大家聽到這個答案就安心了。

發現兒童出現偏差行為可能是出於寂寞時，總不免希望家長「更關注子女」，或認為家長「不夠愛孩子」。之所以這麼想是推測家長「只顧工作，害孩子孤零零的」、「沒能多多關心子女」。然而無論程度多寡，大多數父母總會對子女付出一定程度的關心。無論工作多麼費神費力，還是為了子女騰出時間、付出心力，就是捨不得讓孩子感到寂寞，也避免周遭的人誤會自己無心照顧孩子。只是儘管父母有所付出，孩子仍舊可能陷入困境。這種時候補上一句「是不是不夠愛孩子？」不但無法解決問題，反而也把家長逼入絕境。

儘管沒有直接質疑家長，以下也是不該多說的一句話：

「我想您家小孩一定很寂寞。」

「您和孩子有談話的時間嗎？」

這些話都在暗示家長沒有投注足夠的親情，家長一定會感到自己遭受質疑，心裡更是受傷。

缺乏情感的鼓勵

當討厭的人跑來給你建議，你會作何感想？無論他說得再怎麼中肯，要是感受不到絲毫的關心，別說是照著做，應該根本聽不進去。即使腦袋明白對方說的有道理，心裡實在難以接受。

我在少年院工作時，遇到一位大受少年歡迎的教官。他曾經告訴我：「第一步是先讓孩子喜歡上你。我自己在校期間也是這樣，討厭的老師不管說的話多有道理，我就是不想聽，他說什麼我都討厭。」

他繼續告訴我：「要讓孩子喜歡上你，不是靠諂媚討好，而是打招呼時面帶笑容，記住他們的名字，聽他們把話說完，記得他們做的事，這些都是人際關係的基本。」

我從這位教官身上學到的是：**對待孩子的正確態度，其實就是待人處事的基本道理。**

他在職場上也相當受同事歡迎。我對他的第一印象是，與家人同事相處也秉持著相同的做人處事態度，而不是只會把道理用在指導少年上。這件事要實行起來其實相當困難，但我在他身上感受到實際的效應。

這位教官是真的發自內心關心每個少年，而少年也都看得出來究竟誰才真正有愛心。

自尊心永不消失

人類的肉體機能會隨著年紀增長而老化衰弱，尤其大腦老化可能進而影響心理狀態，變得難以控制情緒。

然而凡是人都有自尊心，這種珍惜與尊重自己的情感無所謂高下之分，也不會因為歲月流逝而消失殆盡。

教導孩子的時候，有時往往說上好幾次他依舊講不聽、做不來，這時大人的口氣總會忍不住開始變得強硬，既然客氣委婉聽不懂，那就改成尖銳直接，甚至對孩子衝動發怒，語氣絲毫不帶關愛，完全不顧對方感受。這種粗魯的言行、輕蔑的態度、粗糙的應對、冷漠的回覆，不用說是孩童了，任何人都能百分之百感受到自己不被尊重。

「反正這孩子缺乏理解能力，他應該不會懂吧！」

當罵完孩子後又以這種錯誤心態自圓其說，更是在對方心頭劃下一道傷口。

倘若費盡心力指導孩子，卻不見對方有所回應，可能是因為自己沒有用心珍惜對方，甚至被對方討厭。

第5章

儘管如此也想獲得肯定

それでも認められたい

我不是不努力，只是做不到你滿意

どうしても頑張れない人たち

「我覺得自己將來會失敗……」

前面四個章節說明了努力不來的人的所處情況，而周遭的不當言行又是如何打擊本人。一般而言，努力不來的人生活得相當艱辛，聽到旁人說「做不來也沒關係」，就真的不在意嗎？真的能一直維持平常心嗎？就算旁人鼓勵他們「要更有自信」，但卻怎麼樣也做不到，還能有自信嗎？畢竟無論如何，做得到都比做不到好。凡是人都想做出一番成果，獲得肯定。

以下是日本電視臺於二〇一六年五月播放的日本新聞網紀錄片《障礙 Plus α～自閉症類群障礙者與少年事件之間》的其中片段：一名患有障礙的小學生接受訪問時，工作人員詢問他日常生活有何煩惱。順帶一提，該節目也曾訪問過我，內容彙整為《發展障礙與少年犯罪》一書。

小學生：「我覺得自己跟大家不太一樣，連馬上要帶來的東西都會忘記。」

（就算發現要帶也會忘記嗎？）

小學生：「對，我就是沒辦法做到。」

（你將來想做什麼呢？）

小學生：「我覺得自己將來會失敗……」

（為什麼呢？）

小學生：「因為我老是失敗。」

（因為老是失敗，所以覺得將來也會失敗嗎？）

小學生：「嗯，我頭腦不好。」

要是沒有這個訪問機會，想必周遭的大人都不清楚這孩子的內心話。他已經發現自己跟同學相比很多事情都做不來，逐漸察覺「總是做不來的自己將來會失敗」。對他說「做不來也沒關係」，真的是在安慰他嗎？那些自以為是的安慰話語，會不會反而更傷孩子的心呢？

「我也想跟大家一樣，什麼事情都做得來。」

這應該是這孩子衷心的期盼吧！

孩子明白非努力不可，同時也希望旁人能理解為何自己就是努力不來、做不來，並慢慢接受這樣的自己。但這真的是唯一的解決辦法嗎？這些孩子只能一直承受做不來、努力不來的一面嗎？

天生我材必有用，每個人一定有其優點與長處，只是能發揮多少受到所處環境與周遭人的影響，無法一概而論。其實換個地點或場景，提供適當的幫助，極可能發掘出強項，努力不來的人也能發揮驚為天人的實力。

那麼發掘的契機與本人的強項究竟是什麼呢？本章站在當事人的角度，尋找讓他們發揮實力的線索。

繭居族也去得了演唱會

我在精神科醫院任職時，也負責診察青春期患者的門診。患者多半是十五歲至十九歲的女孩，無法融入校園而拒絕上學、繭居在家，或是罹患憂鬱症。這些女孩不念書、不運動，當然也不外出，幾乎只靠社群媒體與外界聯繫。

部分女孩有時會因為自殘或服用過量的處方藥物而送來急診。她們通常極度恐懼與人接觸，就連獨自搭電車都是一場大冒險。不少女孩找不到擺脫現狀的出口，隨著年齡增長，由青春期門診轉移至成人門診。儘管如此，部分女孩為了參加喜愛歌手的演唱會，還是能單獨出遠門。

明明恐懼與人接觸，一直繭居在家，竟然能一個人搭乘新幹線從大阪去到東京，甚至外宿朋友家，而所謂的朋友不過是在社群媒體上認識的網友，從來沒見過面。演唱會結束後，為了趕上隔天的門診還特意早起趕回來。我非常好奇，做到這些事的動力究竟打從哪裡來？

相信每個人一定都有激發自己努力的開關，只是別人不知道而已。當這個開關一打開，就能發揮無與倫比的能力。援助者的任務就是找到這個開關，想辦法啟動。我想這正是重新喚醒幹勁的關鍵。

即使如此，這種情況的確容易惹來指責：「平常什麼都不做，看演唱會就特別有精神。」甚至可能被貼上只做喜歡的事、自我中心等標籤。然而這些被視為任性妄為的行動，或許是有力的援助方向之一。

「犯罪少年的3個願望」教會我的事

我想請教大家，你努力的動機是什麼呢？

這世上有著各種願望：想變得有錢、想出人頭地、想上好學校、想進好公司、想從事喜歡的工作、想做一番大事業、想交男／女朋友、想要有桃花、想結婚、想生小孩、想開好車、想變瘦、想長高、想變帥／美、想環遊全世界、想品嚐美食、想得到尊重、想受人感激、希望父母以自己為榮、希望對社會大眾有所貢獻、想當個好人……首先要有這些願望才會產生動力去實現。沒有人願意為了不想做的事情付出心力。我想應該能從這些願望中找出激勵努力不來的人鼓起幹勁的線索。

每個人鼓起幹勁的理由各式各樣，我很想知道「不會切蛋糕的少年」究竟懷抱著什麼樣的心願。他們剛來到少年院時意氣消沉，無精打采；等到即將離開時，終於重拾信心，決定重新出發，嘗試各種挑戰。是什麼改變了他們呢？要是能闡明這點，就能知道這些少年下定決心改變的動機，也能找到其他人努力的開關何在。

因此我在醫療少年院工作的期間，花上好幾年的時間持續詢問少年的「三個願望」。以下是我針對少年對於「如果有機會實現三個願望，你會許哪些願望？」的回答所彙整而出的前十名。六年間一共蒐集了約三百八十人的答案，詢問次數共兩次，分別是剛進少年院時與即將離開少年院時（以下人數為回答人次）：

【剛進少年院時】

第1名　想變成有錢人　85人
第2名　想回到過去　59人
第3名　想回家／離開少年院　49人

第4名　希望家人幸福　34人
第5名　想工作　28人
第6名　不想犯罪　25人
第7名　想投胎轉世　20人
第8名　想變聰明　19人
第9名　想改變自己　17人
第10名　不想死　15人

【即將離開少年院時】

第1名　想變成有錢人　94人
第2名　希望家人幸福　90人
第3名　想回到過去　66人
第4名　有想從事的工作　26人

第5名　不想死　24人

第6名　不想犯罪　24人

第7名　想結婚生子　21人

第8名　想要幸福　16人

第9名　想變帥／變壯／長高　16人

第10名　想工作　14人

無論哪種情況，願望排行榜的冠軍都是金錢。一般人基本上也是最想要錢，因此不足為奇。至於錢以外的其他願望，我的分析如下：

・剛來到少年院時，幾乎所有人的願望都是「想變成有錢人」、「想回到過去」、「想回家」，等到即將離開少年院時，「希望家人幸福」攀升到第二名。

・提到工作，少年開始列舉具體的職業（部分願望偏離現實，例如想成為首相或當歌手）。

・相較於剛來到少年院，「想變帥」、「想長高」等與外表有關的願望增加。

・變得「不想死」，愈來愈想活下去。

除了符合現實情況的願望增加之外，值得矚目的是出現了與家人、家庭相關的願望，以及想從事的工作等具體的願望。他們剛來到少年院時對一切充滿絕望，在更生的過程中漸漸找到想做的事，也開始希望與其他人和平共處。

這些少年原本在社會上總是失敗受挫，然而當環境改變，遇到願意體諒自己的人，便有機會察覺真正的自己，也可能從消極被動轉變為積極主動。

有目標才會努力

醫療少年院的許多少年不擅讀書、溝通、運動，也不受異性歡迎，甚至遭受監護人虐待、生活複雜混亂。換句話說，這些孩子的人生中從來沒有發生過任何足以擁有自信的事，不為非作歹才是奇蹟。

在少年院待上將近一年的時間，即將離開之際，他們通常會變得十分不安——因為沒有信心能在社會上立足。會這麼擔心也是理所當然，畢竟進到少年院這個事實，不會因為接受一年的感化教育就出現大幅轉變，重新回到社會後反而會因為進過少年院而被貼上標籤，遭遇更嚴苛的對待。根據調查結果（二〇一一年《犯罪白皮書》）發現，進過少年院的少年約有四成在二十五歲之前判處罰金以上的刑事判決。

我負責在少年刑期屆滿之際與他們面談，我也覺得要是就這樣離開少年院，他們一定會重蹈覆轍，卻也只能就此目送大家離開。畢竟少年院無法改變外界看待少年的目光。

另一方面，我也察覺少年在談及夢想時會雙眼發亮，生氣蓬勃：「我想當社長，負起照顧員工的責任。」「我想買間大房子，跟家人一起過著幸福的日子。」「我想當農夫。」「我喜歡老人家，想從事長照工作。」他們身處的環境嚴苛艱困，雙眸中閃爍的光芒大概是僅存的希望吧！「因為有想做的事，所以我想努力看看」、「因為懷抱夢想，所以我想努力看看」──激發他們奮鬥的原動力就只剩下這件事了。

然而大人聽到這些夢想只會覺得：「不要老是作夢，看清現實吧！」就算嘴上不說，也總是介紹更符合他們資格的工作。失落的少年剛開始或許會乖乖聽從大人的安排，眼睛卻不再閃閃發光，於是每份工作做沒多久便離職，工作一個換過一個。**我深深感覺大人唯一能做的是，無論少年的夢想多麼不切實際，都要誠心為他們由衷想實現的願望加油打氣。**

如何讓對方按下努力的開關？

從三個願望的調查結果可知，激發少年努力的動機除了「想變得有錢」、「想得到尊重」、「想獲得肯定」以外，渴望自己以外的人獲得幸福的念頭也日益強烈。自己以外的人可能是家人、男女朋友，或是今後結婚成家的新家人。他們不再只是關注自己的慾望，也想為別人付出。雖然無法一概而論，但如果出現一個讓他們願意付出的對象，或許是啟動「努力的開關」的方法。

而關鍵在於如何讓他們自行按下開關。上一章已經介紹過，援助者想盡辦法要幫他們按下這個開關通常不會有好結果。我的上一本書《不會切蛋糕的犯罪少年》說明過「孩子心房的門把裝在門的內側」，我認為努力的開關也是一樣——**努力的開關裝在孩子心房的內側。**要是來硬的，可能會一不小心把門關起來，更糟的是硬是打開門，反而弄壞了開關，或是擅自認定根本沒有開關。關於擅自認定沒有開關一事，我也有必須深深反省的經驗。

來到少年院的孩子多半遭遇過多次挫折，原本就無心努力；就算想要努力也總是虎頭蛇尾，無法持久。其中一名少年B也不例外，他的口頭禪是：「做了也沒用！」「這有必要嗎？」「你叫我做，我是會做啦！」

然而少年院舉辦的運動會卻讓我看到他的另一面。當時我所任職的醫療少年院固定訓練少年在運動會時表演日本傳統民俗舞蹈《騷亂調》[08]，有些人總是練不會，教官為了訓練少年耗費一番苦心。少年B也在那群練不起來的人裡面。平常他做任何事之前一定先開口抱怨，剛開始練習時也無精打采。我不禁冷眼旁觀，心想他果然做不到。

隨著運動會的時間逼近，他的表情逐漸出現變化。《騷亂調》要跳得好必須眾人動作一致，這恐怕是他有記憶以來第一次和大家團結合作挑戰一件事。

08｜**《騷亂調》**：《素蘭小姐要出嫁》的原曲。

正式表演當天家長們會出席，少年B以前所未見的認真表情練習，練到滿頭大汗。我本來以為他一定瞧不起這種活動，練習時絕對不會認真投入，但這一切都是誤會，是我不夠了解他，其實他也有努力得來的一面。我應該反省自己太過自以為是，不了解他就貿然判斷，擅自認定他根本努力不來。

乍看之下努力不來的人，或許只是我們不認識對方真正的模樣。我透過《騷亂調》發現這些看似努力不來的少年其實只要啟動「主動試試看」的開關就能徹底改變，奮發圖強。

不想努力的理由

本節則是反過來討論什麼情況會讓人不想努力。

大家又是在什麼情況下提不起勁來念書或工作呢？以下是我在網路上蒐集到的各種理由：

【念書】

- 內容艱澀困難。
- 不擅默背。
- 不擅計算。
- 考不到好成績。
- 不想被比較。
- 對將來沒助益。
- 不明白學習的目的。
- 家長太囉嗦。

- 內容枯燥無趣。
- 不是入學考會考的科目。
- 討厭老師。

【工作】

- 找不到工作的意義。
- 工作無趣。
- 討厭工作內容。
- 低薪。
- 怎麼做都沒完沒了。
- 不喜歡公司氣氛。
- 無法休假。
- 工時過長。
- 通勤太費力。
- 一開始就遭到排擠。
- 不被肯定。
- 缺乏自信。
- 壓力過大。
- 無法發揮實力。
- 討厭職場人際關係。
- 討厭主管。
- 不需要扶養家人。

從這些理由可以深刻感受到念書和工作是多麼令人厭惡，要是同時遇上好幾個理由，當然根本無從努力。

而無論念書或工作，討厭的理由中間都畫了一條線。線的前半代表理由與念書工作有關，線的後半則與念書工作無關。前半的理由取決於學習科目與工作本身無法憑藉個人力量改變，後半的理由則是做任何事都可能發生的問題。

那麼是前半還是後半的理由比較令人痛苦呢？我想應該是後半吧！共通理由包括不被肯定、討厭共事或學習的夥伴、看不到未來、不明白目的等等。

不被肯定、討厭共事或學習的夥伴等問題包含無法挑選主管或老師，屬於援助者必須思考的課題，留待第六章解說。本章則鎖定預測推想、目的、社會意義等問題分析。

開啟動力的3階段

心理學家威廉・米勒（William Miller）等人的著作《動機式晤談法》（*Toward a Theory of Motivational Interviewing*）提到動機包含三大要素：「準備」（readiness）、「意願」（willingness）、「能力」（ability）。準備包括決定優先順序與預測步驟，意願代表想要改變的心情，能力則是認為能夠改變的自信。並不是三大要素一應俱全便能努力，多半是抱著「想改變卻又不想改變」的矛盾心理，在援助者的指導下牛步前進。「動機式晤談法」對於治療酒精中毒等成癮症相當有效，當中又以想要改變的「意願」格外重要。

接下來介紹的是從我個人臨床經驗分析出的「開啟動力的三階段」，分別是「預測推想」、「目的」、「使命感」。

【階段1】預測推想

第一階段最重要的是長期抱持想要執行的心情，關鍵是第三章介紹的「預測推想的能力」。我認為這個階段接近動機式晤談法的「準備」。

猶太裔精神科醫師維克多．法蘭克（Viktor Frankl）是集中營倖存者，在其著作《活出意義來》（*Man's Search for Meaning*，繁體中文版為光啟文化）提到集中營曾經謠傳該年聖誕節就能解放回家。然而當知道這則消息不過是謠言後，許多人突然變得無精打采，結果從聖誕節到新年之際出現大量死者。集中營裡沒有明確的解放日期，沒有人知道拘留的日子究竟何時才結束。不知道現況何時結束，自然無法打起精神，如此一來連活下去都成問題。

除此之外，還需要預測推想做出多少努力才能獲得回報。例如想要考上第一志願，要是不知道必須念多少書與念多久，很難長期努力不懈。二〇〇二年日本《司法考試法》修法之前，司法考試錄取率只有個位數，許多律師耗費十年以上的光陰才終於榮登金榜，這種情況正是不知何時才能達成目標。此類考試難以預測何時錄取，考生必須具備強大的心理韌性，我身邊也有許多中途放棄的考生。

認知功能低落的人無法做出適當的預測，也就更難以提起勁來努力。援助者最好利用圖示，或把必要步驟貼在牆上，時時提醒對方。

【階段2】目的

預測推想後的下一步是決定「目的」。例如有上大學的實力，卻沒有上大學的目的，自然很難提起勁來念書。想進知名大學、想學法律、對將來找工作有所裨益等等，什麼目的都好，只要有了目的就能奮發用功。以工作為例，如果知道KPI是必須在規定期限內開發商品，至少會先朝這個目標努力。

要特別留意的是「目的」與「目標」的意思不同。大家常說訂定念書的目標，實際一問大多是下次考試要拿到更好的名次、考上志願學校的所需分數，這些都是「應該做」或「不得不做」的事，要為這些事努力有一定難度。

然而把目標換成目的，念書的意義就明確多了：想學醫、想學經濟、想學服裝設計……每個答案都是夢想。人為了實現夢想，比較容易生起滿腔熱忱。

【階段3】使命感

最後階段需要的是「使命感」。單憑預測推想與目的無法推動人努力。在集中營裡有些人之所以能撐下來，是靠著想像解放後的生活（目的）。

在集中營的日子若看不到究竟何時才會結束，很可能無法繼續忍耐。那麼法蘭克是如何撐下去的呢？他採取的方法是客觀審視自己，把焦點從嚴苛的環境轉換到想像自己將來正在以「集中營的心理學」為主題演講。

「問題不是我們對人生有何期待，而是人生對我們有何期待。」

法蘭克在著作《活出意義來》中這麼寫道。他給自己的使命，正是透過分享在集中營的經驗，告訴全世界的人「何謂生命的意義」。

無論多麼勤奮工作，人總會不禁自問：工作之於人生有何意義？我究竟為了什麼而工作？我的工作對社會又有何貢獻？

「為了生活」、「為了薪水」、「因為主管叫我做」、「因為想出人頭地」……然而從現在大學畢業生三年以內就會辭去第一份工作可知，現代人已經無法光憑這些理由長期努力下去了。目的能促進人短期努力，卻無法長長久久。工作究竟對人生有何意義？自己生來這世上的使命究竟為何？自己做的事情對這個社會究竟有何意義？人類就是如此摸索人生直到找到自己能接納妥協之處吧！

相反的，要是找到生命的意義，就能和法蘭克一樣發揮超越死亡威脅的力量。

大家都想要幸福

人之所以能提起勁努力，我認為出發點都是「想要幸福」。這世上應該沒有人「想要變得不幸」吧？每天努力都是為了變得幸福。這看似理所當然，卻也是問題的關鍵。每個人對幸福的定義不同，選擇獲得幸福的手段也有所差異。

例如幸福的前提是需要金錢，但為了錢辛苦工作一點也不幸福，所以改做詐騙來賺錢。這怎麼看都是犯罪行為，原本的動機卻是渴望獲得幸福。

過去曾經發生一起事件是，詐騙集團成員把騙來的錢匯給母親，母親用贓款購買高級進口轎車。想要幸福、想看到母親的笑容，這些動機再普通不過。孝順母親是好事，採取的手段卻一點也不好。另一起事件是，過於渴望對方愛自己，於是選擇殺人的終極手段除去礙事的人，其動機也是想要幸福。大家的共通點都是為了幸福而努力，卻因為手段錯誤，努力的動機瞬間成為犯罪的理由。

努力不來的人當中有些人因為太過渴望獲得幸福而選擇走捷徑。如何不打擊他們渴求幸福的心，同時又能引導他們走向正軌，正是援助者展現本事的時候。第六章要來探討援助的線索與如何下工夫。

第6章

援助者該怎麼做？

支援者は何をどうすればいいのか

援助者的體悟

本章主要探討陪伴在努力不來的兒童身邊的家長、老師等援助者，究竟該怎麼做才能真正幫助到孩子。本書主旨雖然強調有些人就是努力不來，但相信大人們還是強烈希望孩子也能嘗試努力看看。

第二章已經說明了鼓勵這樣的孩子「不要勉強自己」、「維持現狀就好」可能剝奪他成長的機會。這種說法確實較容易開口，家長也能因此鬆一口氣，但這只是一時的安慰，好讓那些為了子女努力過頭的家長暫時喘息，但不是就此什麼都不用做了。

明明知道還有一絲機會能促進孩子成長，但倘若打從一開始就選擇放棄，很可能會引發外在環境所造成的各種阻礙。相信無論機率多低，只要子女有機會改善，家長都想賭一把試試。

相同道理也能套用在援助者身上。我想大多數的家長和老師應該不會覺得自己「維持現狀就好」，而是試著努力朝理想的自己再邁一步，期盼自己有所成長。

無論兒童或成人，努力不來的人為了生活絕對有必須流血流汗的時候，我也希望他們在做得到的範圍內努力看看，但是如同第四章所述，有時想盡辦法激勵他們反而會帶來反效果，必須多加留意。

不想跟他沾上關係的人才正需要幫助

大家要記住，努力不來的人不太會主動求助，甚至看似神態自若，導致根本沒有人發現他其實需要幫助。

不僅如此，就算向這樣的人伸出援手，別說是道謝了，他可能會抱怨你太雞婆，或是連踏出家門一步都不願意，實在讓人很難對他抱持積極正向的心——然而真正需要幫助的就是這樣的人。**正因為當事人自認不需要幫助，正因為當事人看似若無其事，正因為當事人不會自行求助，所以我們才更應該伸出援手。**援助的第一線其實充滿了矛盾與糾葛。

努力不來的孩子也不會對父母、老師、身邊的大人說：「我努力不來，求求你們幫幫我！」不僅如此，甚至會做出各種讓人想要保持距離的行為，例如說謊、食言、經常出現偏差行為、不道歉、出言不遜等等。

這世上沒有經常遭遇這些挫折還能若無其事的聖人君子，長久下來也會開始覺得：「我明明是為你著想……」「明明就只有我才願意了解你……」可惜的是，要向努力不來的人伸出援手，往往代表必須經歷多次的失望與灰心。

愈是有心伸出援手，遭遇挫折時的失望與憤怒就愈是強烈：

「隨便你啦！」

「你辜負了我。」

「你又食言了。」

「果然你還是做不到……」

「我已經不想幫你了……」

有時過了一陣子，反而是援助者自行選擇離開。

援助者的3大立場

援助者內心充滿失望與憤怒等各種情緒時的行動，可以分為以下三種模式：

①相信對方「努力就做得到」，想盡辦法刺激對方行動。
②接受對方「已經無法努力」，不再勉強對方。
③和對方一同思考努力不來的原因。

①是基於希望對方努力、渴望對方改變的心情。這種態度有時會奏效，有時卻也會造成反效果。

無論是超出對方能力範圍的嚴厲刺激，抑或是「如果你努力，我就幫你」的附加條件鼓勵，甚至是「如果你不努力，我就不幫你」的威脅，都是無視對方的能力與狀況，站在自己立場所提出的要求。這些要求不過是嚴厲的指導，沒有什麼效果。

倘若努力不來的人不明白為何遭到如此嚴厲對待，可能會產生被害意識：「就只對我一個人這麼嚴格。」「他一定很討厭我。」如此一來，真的需要幫助時反而會擔心「又要挨罵」而難以主動求援。我遇過一些或許是這個原因而觸法的少年，這使他與其他人漸行漸遠，失去人際資源，陷入孤立無援。

②是接納努力不來是資質問題，選擇不再強迫與要求，也就是維持現狀。這麼一來，就算遇上可以努力的機會，也可能選擇配合援助者的期望，放棄努力，長久下來失去成長的機會，無法提升自我評價，進而阻礙學習之路。

③則是著眼於對方的行為，思考努力不來的原因，而原因如同第三章所述。對努力不來的人產生負面情緒，認為他「討人厭」、「不想接近」是人之常情。關鍵在於必須有所自覺，當出現厭惡情緒時找人商量，而非勉強自己孤軍奮戰，唯有

理解到「我不是孤單一人」才能繼續向援助對象伸出援手。努力不來的人在確定自己不會被拋棄後才會逐漸打開心房。如果援助對象是兒童，這種時候會開始覺得對方「很可愛」。

能做到③是最理想不過，只是現實情況沒有那麼簡單。

過去我曾經陪伴一名努力不來的少年一起參加工作坊，嘗試協助他重建生活秩序。剛開始他很努力完成我出的課題，但因為資質而不見成效，經常辜負我的期待，久而久之他也懶散了起來。看到他總是一副嘻皮笑臉的樣子，我開始出現憤怒與不滿的情緒：「我為你做了這麼多……」其他援助者看我這個樣子，還在傷口上撒鹽：「會變成這樣都是因為你的做法有問題吧？」我覺得自己好悲慘，面對不聽話的少年，心情愈來愈糟。之後他依舊無視於我單方面的援助，挫折感傷得我體無完膚，甚至改變了我的人生方向。

現在回想起來，我當年的態度正是①與②——相信對方「努力就做得到」，想盡辦法刺激對方行動；接受對方「已經無法努力」，不再勉強對方。

我完全不正視少年的情況，認為只要努力一定能改變現狀，並且不斷激勵他，這正是①；而當進度不如預期，挫折感促使我擅自認定繼續鼓勵他也沒用，這正是②。老實說，現在的我也沒有自信能做到③，但是我確定，想要幫助努力不來的人，這是唯一有效的方法。

我不是要強迫所有援助者都選擇③，而是建議大家多多採用③的思考模式，從心理層面探討該怎麼讓自己在支持與陪伴對方時也能維持好心情。

「努力得來」的3大基本條件

本節具體說明究竟該如何利用③的方法鼓舞努力不來的人。基本上援助者能提供的協助可以分為以下三類：

①建立足以「安心的基礎」。
②成為「陪跑員」。
③提供可以「挑戰的環境」。

我在上一本書《不會切蛋糕的犯罪少年》也提到這些是激發少年努力的關鍵，書中還舉出其他促使少年自我改變的契機（節錄部分），可以依照上述三大條件分類如下：

【①安心的基礎】

・體會家人的重要性。

・了解家人為了自己吃了多少苦頭。

・發現家人從未拋棄自己。

【②陪跑員】

・遇上值得信賴的人。

・肩負重責大任時。

【③挑戰的環境】

・發現自己真正的一面。

・有自信和他人交談。

・能理解學習內容。

・確定將來目標時。

舉例來說，少年透過與家人、教官等重要的大人建立起關係，確定他們能夠理解自己並陪伴在身邊（②陪跑員），於是不再害怕不安（①安心的基礎），開始想改頭換面，挑戰新事物（③挑戰的環境），進而出現變化。

以下三節依序詳述這三大基本條件。

【條件1】安心的基礎

如同〈前言〉所述，「如果你努力，我就幫你」這種有附帶條件的鼓勵會造成努力不來的人忐忑不安，擔心要是不努力就會遭到拋棄。正因為害怕遭到拋棄，更是特意做出偏差行為來試探對方能照顧自己到什麼地步，並透過多次偏差行為來確認是否真的對自己不離不棄，成為足以「安心的基礎」。

援助對象若是兒童，大家多多少少還能諒解這些偏差行為。要是換成成年人，一般人只會感到不悅，不想再信任對方。以某間深獲當地居民信賴的公司提供更生人工作機會為例，更生人以多次蹺班來試探業主是否真的願意接納自己，最終卻失去信用與工作機會。

有些人認為之所以做出偏差行為是想引起大家的注意，其實這是一種求救訊號：**「我沒辦法自己解決問題，求求你們幫幫我。」**偏差行為的確造成眾人困擾，可是這些已經不知該如何是好的人需要足以安心的基礎才能奮發振作。

本書的「安心的基礎」是指遇上困難時願意幫助自己的人。相信不少援助者自認「我有做到」，但問題就在於其實根本沒做到。

以下用電動汽車來打比方。

電動汽車需要充電器，好在電力即將耗盡時能隨時充電，車主也必須確定這點才能安心出遠門。電動汽車相當於接受援助的一方，提供援助的一方則是充電器。而問題出在援助者以為提供的充電器沒有問題，實際上卻無法讓努力不來的人放心，也可能不知道充電器的使用方式。充電器能否足以讓人放心使用，並不是由援助者自行判斷，也必須從援助對象的角度來考量。

充電器可能出現以下情況：

・電壓不一樣，無法充電。

・充到一半壞掉。
・有時不提供電源。
・要是出車禍，可能無法充電。

會令人感到不安的充電器，無法成為安心的基礎。

安心的基礎是奮起努力的必要條件，但絕非易事，有時甚至正因為是親生父母才做不到。

【條件2】陪跑員

努力不來的人得到足以安心的基礎後，下一步需要的是「陪跑員」。

陪跑員不只要在對方身邊默默守候，更要在他挑戰新事物時給予支持。挑戰新事物包括升學、進入新環境、建立新的人際關係、展開新工作等等。以前文提及的電動汽車為例，陪跑員相當於坐在副駕駛座的助手，陪同駕駛一起出發，也能隨時提供建議，好讓駕駛安心。

「我想去那裡看看，可是第一次會害怕，希望有人陪我去。」

「我一個人做不來，希望有人能幫我。」

「希望在我學會獨自完成之前能有人幫忙。」

這些都是挑戰新事物時會出現的正常反應，就算是大人也有這些需求，一點也不稀奇，例如：「我想去那家店看看，可是我一個人去會怕，你陪我好不好？」努力不來的人若要獨自挑戰，會比一般人更困難，也更為緊張，既想挑戰，又希望有人能陪在身邊，此時便會發出各種求救訊號，例如：「口口聲聲說要做卻又不去做」、「馬上就放棄」、「老是說些任性的話」，而這些行為的背後隱藏了這樣的心聲：

「我一個人果然做不來。」

「我想按照自己的步調。」

「我很想努力，可是不想被逼著做。」

「我希望有人在我身旁，當我做得好的時候能一起分享成功的喜悅。」

而援助者該做的不是一味的激勵，而是守護與陪伴，展現以下心態：

「我一直看著你喔！」

「我隨時都會伸出援手喔！」

當感受到援助者抱持這種心態，便能按下努力的開關。直到重複幾次相同情況，確定對方已經成為陪跑員，便能鼓起勇氣挑戰新事物。

一位犯罪少年告訴我：

「少年院再過不久就要舉辦成年禮，我爸媽不肯來，導師卻說他會請假來看我。以前都沒有人願意花時間陪我，這是我第一次感受到有人是打從心底支持我，希望我能改變。」

如果是父母總會來參加自己重要活動的孩童，應該不會有這番體悟。然而對於缺乏這種經驗的孩子而言，陪跑員的影響非常巨大。

但援助者可別以為坐上副駕駛座就開始對駕駛指指點點：「要仔細確認左右」、「不要開太快」、「該踩煞車了」、「趕快轉方向盤」、「開車時不要摸頭髮」……要是開車時有人在旁邊一直囉嗦這些事，任誰都受不了。陪跑員的正確態度是靜靜陪伴對方。

【條件3】挑戰的環境

有了足以安心的基礎與陪跑員後，努力不來的人終於能決定嘗試努力看看，挑戰新事物。「挑戰的環境」可能是新的住處、新職場、新學校。這群人之所以受挫，通常是在沒有足以安心的基礎與陪跑員的情況下突然置身於新環境，獨自面對不安。

離開少年院後進到新職場正是如此。大人只提供了挑戰的環境，接下來全得靠自己努力。以電動汽車打比方，相當於本來只在駕訓班練過車的人突然被迫來到車水馬龍的都市獨自開車。這種時候對少年說「如果你努力，我就幫你」相當於對電動汽車的駕駛說「如果你小心開車，就讓你充電」、「要是你出車禍了就不讓你充電」。在忐忑不安又無人陪伴的情況下，挑戰失敗也是理所當然。

察覺對方不安

前文介紹了「努力得來」的三大基本條件，接下來是進一步的補充說明。首先是足以「安心的基礎」。

努力不來的人各自有其無法努力的原因。他們通常缺乏自信，情緒起伏強烈；經常遭遇危機，內心忐忑不安。因此每次遇上問題時，格外渴望身邊的人能安慰自己「沒事的」。

而援助者必須做到這兩點：

・注意到對方惶恐不安或悒悒不快。

・讓對方願意依靠自己。

做到這兩點絕非易事，尤其援助對象的年齡愈長，自尊心愈是強烈，會想遮掩緊張與不悅的情緒，導致難以察覺需要向他伸出援手。

倘若援助對象是兒童，通常會突然心情惡劣、慌張急躁，出現象徵情緒起伏劇烈的各種行為。只要能注意到這些反應便無須擔心，因為兒童為了放下心來，會向大人發出上百次、上千次的求救訊號。

隨著年齡增長，生活中遇上困難也無法像兒時般哭訴，向父母或其他大人求助，於是開始做出反抗與說謊等看似不當的行為，有時渴望獲得協助，有時卻又躲在家裡不肯露面，這些身影的背後都隱藏了忐忑不安的心情。

貫徹援助的態度

有時幫忙，有時拒絕，會讓努力不來的人感到不知如何是好，擔心對方能否依賴。情緒穩定度也會帶來影響，當不穩定的時候雙方都會起伏不定。援助者沒有餘力助人，相當於充電器突然壞掉或是有時無法充電，會讓接受援助的一方更加惶惶不安。這種情況就類似「不努力就不幫你」、「打破我們之間的約定我就不幫你了」等附帶條件的協助。

少年離開少年院後，負責照顧少年的援助者當中偶爾會有人惋惜少年重蹈覆轍：「我明明那麼照顧他，怎麼又誤入歧途了呢……」或許他們認為只要有人照顧，照理說就不會走上歪路，或者無法接受屢教不改。但真正的援助是，就算少年屢屢辜負期待，多次重蹈覆轍，仍舊繼續伸出援手。這聽起來像是嚴厲的批評，卻是援助的真諦。

一位緩刑中的年輕人告訴我，他被雙親放棄，但遇上一對老夫妻願意照顧他，還提供住處。他覺得必須回報對方，下定決心好好努力，不想再辜負大家，老老實實生活了一陣子。老夫妻的規定非常嚴格，日子久了，他不禁打破門禁好幾次。最後老夫妻認為無法再援助會食言的人，於是與他斷絕關係。

原因的確出在年輕人身上，但是會犯罪的人原本就不太能乖乖遵守約定。正因為會食言才更需要他人支持。提供與接受援助的雙方需要訂立制度與約束來保護彼此，但過於嚴格又會消耗彼此的心力。對於努力不來的人而言，突然失去支持自己的人是相當嚴重的打擊。我不清楚那位年輕人之後的情況，不過他表示以後很難再相信人了。

「我是誠心誠意支持你、幫你忙，所以你不該辜負我的期待」——會有這種想法是人之常情，不過我還是希望大家可以想像當努力不來的人因為無法回應期待而遭到放棄時，內心有多麼絕望。

成就感需要他人肯定

接下來是關於「陪跑員」的補充。

陪跑員的重要任務是從各方面肯定努力不來的人。當人獲得成就感，自我評價與做事熱忱自然會隨之提高。最常聽到的說法是：「你看你試了就會啊！」這類似心理學家亞伯．班杜拉（Albert Bandura）提倡的「自我效能」（self-efficacy）概念。自信是激發自己努力前進的重要條件；缺乏自信容易陷入負面思考，認為自己反正做了也沒用、做了還是失敗。

但必須留意一個大前提：單單做出成果無法提升自我評價，唯有先獲得周遭人的肯定才可能湧現成就感與自信。死後才出名的畫家正是最簡單易懂的例子。無論畫家自認作品多麼優秀，倘若生前無人肯定，容易落得憤世嫉俗、喪失自信，甚至陷入被害心理。

一個人生活在無人島上也很難提升自我評價。或許愈來愈會生火、抓魚技術不斷進步能增強自信，然而等到這一切都成為理所當然後就沒辦法再更進一步了。倘若在無人島上生活時創作了美妙的音樂，又該如何在一個人的情況下擁有自信呢？沒有他人可以比較就無從建立評價自己的標準。人是在與他人相處的過程中發現自我，察覺自己的優缺點，無從比較也就無從確認。

努力源自做到與肯定

希望努力不來的人奮發努力，除了引導他挑戰新事物，也必須準備好當他做到時能給予肯定的機會，否則這些挑戰就沒有意義。

大家常把「自尊心」一詞掛在嘴上。部分援助者認為，既然努力不來的人自尊心低落，那就想辦法增加自信，與其勉強他把心力花在不擅長的事物上，不如發掘優點，從擅長的事物著手好增強自信。常見例子是忙著尋找兒童的長處，例如擅長畫畫的孩子就讓他一直畫畫。然而只是讓他一直畫畫不會產生任何效果，還必須口頭肯定對方。

有意義的肯定

本節要討論關於「肯定」的注意事項，不是凡事肯定就好。

以一杯水為例，假設眼前有半杯水，認為「只有半杯水」還是「還有半杯水」端看個人態度，但是「有半杯水」這項事實不變。倘若標準是「裝滿水比較好」，卻鼓勵對方「還有半杯水」，對方也高興不起來。即使是為了讓他安心，我認為這不過是口頭上玩弄對方，浪費彼此時間。

沒有意義的肯定也是一樣。最常聽到的案例是孩童忘記帶東西去學校，家長向老師傾訴孩子常忘東忘西，每星期至少忘記一次，老師卻安慰家長：「一週要上學五天，有一天忘記代表有四天都沒有忘記，您家小孩已經努力做到八成了喔。」

其他類似例子還有滿分是一百分的考試考了三十分，老師勸家長不要責備孩子

「只考三十分」，而是鼓勵他：「不擅長念書還能考三十分，好厲害！」

這些正面積極的鼓勵的確能暫時安撫家長，學童也不會感受到壓力。學會正向思考也能促使家長心情平和，減少因為煩躁而責罵孩子的次數。但是我希望大家想一想：轉換想法並不會改變一星期忘記帶東西一次和只考三十分的事實，最好還是不要忘記帶東西、考試取得高分。要是家長因為這種看似正向的思考而安下心來，認為一星期忘記帶東西一次和只考三十分也沒關係，總是對孩子投以無心的肯定，沒有意思要協助他改善，到時受害的還是兒童。

真的不需要在意他人批評嗎？

「不用在意別人的評價」、「不需要每個人都喜歡我」都是常見文案和標語。對於那些過度在意外界目光、為了博得主管好評而工作過頭的人，的確能有效促進他們放鬆心情，以自己的步調活出自我。然而這些標語同時也可能被努力不來的人所誤會。

人生在世，他人評價決定一切。這種說法或許會引來更大的誤會，然而人是群體動物，無法離群索居，要是無法獲得他人好評，會活得更辛苦。

這裡必須先釐清所謂的「他人」究竟是誰：公司主管、同事、部下、客戶、合作廠商、心理諮商師、委託人、主治醫師、老師、朋友、前輩、鄰居、孩子朋友的母親、社群媒體上匿名的不特定多數人、LINE上的朋友、父母、兄弟姊妹、配偶、祖父母、親戚、子女等等。現代人的生活脫離不了這些人，無法毫不在意他們的批評過活。要是努力不來的人聽到「不用在意別人的評價」、「不需要每個人都喜歡我」而信以為真，做事情可能會變得以自我為中心，導致他人評價更加下滑，因而無法建立自信，漸漸失去熱忱。

或許有人認為，下定決心要花上一輩子努力的目標不會因為些許的質疑而動搖，也不會在意主管或周遭人的勸阻與批評。這些都是特例，只要活在這世上的一天，就不可能百分百不在乎他人的評價。

練習親切

當獲得他人好評，自我評價也會隨之提升，有了自信就會奮發努力。因此關鍵是如何獲得他人好評。

兒童的話，就是考試考高分或社團表現優異；成人的話，則是工作表現出色。然而努力不來的人通常在日常生活中也難以有好的表現，那麼可以就從贏得他人「好感」開始做起。一般來說我們都會親切對待自己有所好感的人，也會主動向這樣的人搭話。朝這個方向做起，努力不來的人也會逐漸感受到「不是大家都討厭我」、「我也是有價值的」。

那麼該如何增強好感呢？就是不斷重複最基本的做人原則：態度誠懇、為人著想、打招呼、主動搭話、親切待人。待人親切，對方通常也會以親切的態度回應。反之，遭人反感的人不會有人理會，也就得不到獲得肯定的機會，因此自我評價低落、缺乏自信。換句話說，努力不來的人想要增強自信，就是逐漸累積獲得他人好評的經驗，也是最簡單有效的方法。

問題在於個人的評價標準與他人不見得相同，以為能獲得好感的行為看在對方眼裡只是給人添麻煩，覺得沒什麼大不了的小事卻反而博得好評。要知道自己的行為是否受歡迎，必須仔細觀察，察覺對方發出的訊息，這種能力與認知功能息息相關。認知功能低落的人容易做出破壞氣氛的行為，陷入溝通問題的惡性循環。倘若人際關係的問題是起因於認知功能，必須先由此開始訓練。

加強禮貌

不見得每個人都能改善認知功能，那麼可以從加強禮貌做起：看到人打招呼、道謝與道歉的方式、高超的拒絕方法、與對方保持適當距離、視線的方向、合適的音量等等，這些練了就會。建議援助者可以設計情境，利用角色扮演來協助對方練習。雖然看似繞遠路，其實是真正的捷徑。

我常遇到「不擅長與人相處」的人：見到人不會打招呼、不會說謝謝、自我中心、沒禮貌、愛說別人壞話、經常擺臭臉、收到訊息也不回，這些行為很容易招來他人反感。然而他們或許是曾被如此對待，因此只知道這種待人方式。如果感到大家對自己態度惡劣，當然不會笑臉迎人，於是與身邊的人更加處不好，變成惡性循環。反之，有禮貌的人容易受歡迎，受歡迎就會帶動積極正向的行為。

有意義的讚美

《不會切蛋糕的犯罪少年》提過「單憑讚美無法解決問題」（第六章），我不是要否定讚美這件事，而是一味的過度稱讚反而會削弱讚美的效果。

過度稱讚會引來對方警戒：「這個人該不會在打什麼壞主意吧？」「你其實是在嘲笑我吧？」譬如當異性誇獎你有多帥或多美，除非自己照鏡子時也這麼想，否則只會覺得對方是在諷刺吧！自己聽了都沒有任何感覺的讚美，就別用在別人身上了。不僅一般人如此，努力不來的人也是一樣。

讚美要能發揮效果，有兩個關鍵。首先是「誇獎要誇對時機」，即使只是簡短的一句話也能發揮無與倫比的效果。

一位少年院教官曾經說過一句話，在我心中留下深刻印象：

「無所謂的事情誇獎一百遍，他們也無動於衷，只有在他們賣力做事之後，一句由衷的『謝謝』便能讓他們感動。」

以擔任環保志工為例，從早到晚努力打掃到汗流浹背，當地老人家一句「真是謝謝你」就能深深打動志工們。儘管這句話不是稱讚而是致謝，卻也具備相同效果。換句話說，正確的讚美是用心觀察對方做了什麼，在他們卯足全力做完之後，在適當時機說出由衷的話。倘若稱讚的背後另有目的，一定會被對方看穿。此外，在用字遣詞上也必須因人而異，許多研究成果顯示會依性別而有所不同。

讚美的另一個關鍵則是「從誰的嘴裡說出來」。

家長屢勸不聽的孩子，可能因為敬畏的學長或社團前輩的一句叮嚀、崇拜的人的一句名言，或朋友無意間說的一句話便立刻出現大幅轉變。這些對象中又以同齡的人勝過成年人。

在精神科門診也經常出現相同情況。一位診斷可能罹患憂鬱症，必須定期回診與服藥的女性一交到好的男友，狀況會立刻好轉到不需要回診。我們醫生之間都說：「男朋友是最好的藥。」這些患者突然來看門診通常是因為和交往對象吵架，導致恐慌症發作、出現自殘行為、服藥過量等等。所以當這位女性與男朋友一同前來看診，醫生會請男友多多給予陪伴與支持，不要跟女友吵架，這麼做效果最佳。

當身邊出現不再僅是基於工作因素伸出援手的援助者，努力不來的人也有機會出現一百八十度的轉變。

不被討厭

成為陪跑員的前提是與援助對象保持良好關係。一般人不會對不喜歡、不想開口、不想接近的人敞開心房，無論是多麼有意義的建議，從討厭的人嘴裡說出來就是聽都不想聽。

在少年鑑別所負責面試少年的是深諳心理學的法務技官[09]，在家事法院則是由家事調查官負責調查少年。這些官職尤其以年輕一輩各個個性爽朗、形象正面。他們都是通過艱難筆試的菁英，相信不是只靠外表吃飯，但我想最終面試時，面試官應該最重視爽朗這一點吧。畢竟這個工作要面對三教九流，不能留給少年好印象便無法卸下對方的心防。而長相兇惡的面試官，少年不僅容易生起戒心而不願

09—**法務技官**：隸屬法務省（類似臺灣的法務部）的專業技術人員。

開口，也不覺得對方會對自己伸出援手。

不過我要強調，不被討厭不等於阿諛奉承，不引起對方強烈厭惡並不代表要特意討好對方。受少年歡迎當然是好事，但真正良好的關係是成為值得信賴的援助者。而方法就是做到待人處事的基本道理：不會因為對方是小孩而輕忽怠慢、記得名字、打招呼、為對方著想等等。

少年院裡也有些教官會對少年盛氣凌人。面對教官，少年當然會乖乖聽話，服從理由不是打從心底尊敬教官，不過是服從少年院嚴格的制度罷了。這些待人粗魯的教官對待其他成年人也是相同態度，不得同事人緣。

其實公司組織也會發生類似情況，最常見的就是業主與下包廠商的關係。

許多人以為工作中的階級關係等於真實的人際關係。我當醫師之前曾在建設相關行業工作，經常接觸建設省[10]與各地方政府土木部門的人員、大型電力公司職員、現在已經民營化的日本道路公團公司員工等人，有些人會對民間建設公司頤指氣使，態度高傲。他們自認民間公司靠他們吃穿，所以擺出高人一等的姿態。

建設公司身為下包廠商，面對業主窗口自然滿臉笑容。但面帶笑容並不是因為尊敬，而是為了工作不得不忍耐。應該不少人常為了業主無禮的態度而怒火中燒，如此便會影響做事意欲與工作成果，業主也可能因此蒙受嚴重損失。

待人有禮的業主會受到下包廠商的愛戴，廠商也願意為了案子更加賣力工作，提升工作成效，對業主反而有益。

10 **建設省：**現在已經統整為國土交通省，相當於臺灣的交通部。

一起滾動前進

第五章提到「動機式晤談法」常用於治療酒精中毒患者。這種療法不是一味勸阻患者「不要再喝酒」，而是和患者一同列舉「想戒酒」與「想喝酒」的優缺點。例如戒酒雖是件好事，卻無法藉由酒精抒發壓力；反之，喝酒可以讓整個人變得飄飄然，藉此紓解壓力。如此評估後，再由雙方共同思考該怎麼做。

身邊的人大道理滔滔不絕講個不停，當事人無心還是不會改變。而動機式晤談法的講義中以「接納抵抗，滾動前進」形容其治療方式，也就是接納患者的抵抗心理，一起滾動前進。

不說出口也有效果

陪跑員必須與努力不來的人保持不遠也不近的距離，有時會因為自己處於被動狀態，忐忑不安而忍不住多說一句：

「再這樣下去會出問題喔！」

「你之前比較努力喔！」

「你要什麼時候才會動手做呢？」

少年離開少年院後必須和保護司[11]聯絡一段時間，這也是離開少年院的條件。保

11 **保護司**：無給職的司法志工，設立目的是彌補保護觀察官的不足，為保護觀察官之外實際執行觀護工作者。

護司是民間志工，協助少年更生，定期去少年家中進行家庭訪問或是由少年造訪保護司，藉此了解少年的生活狀況，提供指導與建議。由於業務繁忙，多半是由有一定社會地位的退休人士或受人景仰的人物擔任。保護司的工作正是所謂的陪跑員。

少年離開少年院後大概每兩星期和保護司見一次面。大多少年都會遇上好心的保護司，但也有少年見了幾次面就不再造訪，理由多半是「保護司老是在說教」。

我當然明白保護司有心要做好司法志工的工作，然而距離太近會造成少年的心靈負擔，距離太遠又會讓少年誤以為自己「被放棄」了。如何掌握距離並非易事，我個人的建議是不要囉嗦，默默守護，當對方開口求助時再伸出援手。

用點心表示貼心

某間援助受虐兒與施虐家長的非營利組織一定會特意準備點心，迎接一同前來上課的親子。大家看到這裡或許會感到納悶：為什麼要給會虐待兒童的家長吃點心呢？

這些親子一同出席的是避免家長再度施虐的課程。這家非營利組織雖然無法做到每堂課都準備點心，至少遇上重要節日時會事先調查家長的喜好，準備「比平常高級一點的點心」，讓家長、子女、工作人員一同享用。其實這種做法能有效卸下家長的心防。

這些家長過去經常遭人指責，鮮少受到他人的重視與款待。無論怎麼向他們口頭表示「我們很重視您，一起來想想怎麼教養孩子吧」，他們也很難相信。然而看到非營利組織工作人員特地為自己準備點心，有些家長驚訝表示：「居然有人願意記住我這種人的喜好！」經歷幾次受人珍惜與尊重的經驗，終於對工作人員敞開心房，最後湧起「要好好珍惜子女」的心情。一個美味的點心也能讓人打起精神。

相信大家都明白「款待精神」的重要性。譬如受邀演講時，無論工作人員如何口頭致謝，大熱天連杯冷飲都沒準備，實在很難相信對方是由衷表達謝意。當然不是只有茶水和點心才能表達款待，記住對方的名字、笑臉迎人、主動打招呼，都能傳遞出「我一直很關心你」、「我很感謝你」等訊息，對方也能因此提起勁來努力。

援助者記得要面帶笑容

面帶笑容看似常識，我們卻經常忽略。我想舉自己過去在精神科醫院打工的經驗當作例子。

精神科醫院通常有好幾間病房，值班醫生時間到了就會去巡房。每間病房各自有負責的護理師，氣氛也不盡相同，有的一如和煦的太陽，有的冷若冰霜。

我是來打工的醫生，跟大家幾乎一個月見不到一次面，多數護理師對我而言都十分陌生。氣氛溫馨的病房令人想親近，走進氣氛冰冷的病房則必須鼓起勇氣。尤其當我一踏入護理站，就能從護理師們臉上的表情感到明顯的差異，倘若對方面帶笑容，自然覺得自己受到歡迎，反之亦然。態度冷淡的護理師面無表情，只是靜靜告知注意事項，我總是覺得：「他幹麼老是臭著一張臉呢？要是能笑一下就好了。」

而事實正好相反：有一次我特意面帶笑容去巡房，平常總是一張撲克臉的護理師也對我笑容滿面，我這才明白真正問題出在自己身上。我去巡房時往往已經累得筋疲力竭，總是面無表情或一臉嚴肅。原本就已經是個大家都不熟悉的打工醫師，又擺張臭臉，護理師自然不會對我露出笑容。

這種事情很難自行察覺，但當你幫助對方時卻發覺他的態度不太好，就代表該留意一下自己是否面無表情。尤其努力不來的人由於長期遭遇挫折，剛開始接觸援助者時多半心懷警戒，表情僵硬。正因如此，援助者更必須主動笑臉迎人。要是心想「那個孩子為什麼擺臭臉？」時，得先回過頭想想自己：**「那我現在又是什麼表情呢？」**

第7章

支援する人を支援せよ

援助那些提供援助的人

どうしても頑張れない人たち

我不是不努力，只是做不到你滿意

「為了這個孩子再努力一次看看吧！」

本章說明援助者的課題。

要幫助別人，自己必須活力充沛、精神飽滿。尤其幫助努力不來的人十分耗費精力，當自己也無法努力的時候，更難充滿耐心去引導對方努力，因此關鍵是願意為了援助對象努力。如果對象是兒童，最有效的方法是促進家長「願意為孩子努力」。

要促使兒童念書，「優良的教材」、「優良的教師」、「優良的環境」三者缺一不可，而家長的角色相當於「優良的環境」。當孩子在學校努力了一天，筋疲力竭回到家，家長要能提供讓孩子安心休息的優良環境；當孩子嘗試挑戰，家長也必須擔任陪跑員，陪伴在他身邊。家長是最接近孩子的援助者，所以格外辛苦，有時也需要其他也是孩子援助者角色的人聆聽自己訴苦。因此，學校老師、少年院教官等人援助兒童的同時，也必須留意如何協助家長繼續努力，慰勞家長照料子女的辛勞，畢竟家長無法單打獨鬥。

一般期望家長給予子女的協助是聆聽孩子說話與了解孩子的特性，其實最根本的是促使家長願意為子女賣力。

孩子變了，大人也隨之改變

促使少年更生，不再犯罪，需要家長的協助。我當初任職的醫療少年院每年至少會舉辦三次家長會，分別是入院時、期中、離開時。

入院時的家長會，通常會看到家長們各個一臉惶恐，因為擔心又要被教官說什麼。然而舉辦家長會的目的不是要家長反省過往的教養方式，也不是要指導他們在子女離開少年院後該如何陪伴。

早在孩子來到少年院之前，這些家長就已經在警察局、少年鑑別所、家事法院被說教無數次。每當孩子犯錯，家長就得道歉，不斷向被害人賠罪。他們長期以來認真教養子女，孩子卻不知為何還是踏上犯罪一途。他們早已為了子女的事筋疲力竭，也無法向其他人傾訴孩子犯罪一事，陷入孤立無援的狀態。然而少年若要更生成功就得請這些家長再奮鬥一回。

因此家長會的目的是協助家長，致力於如何讓家長打起精神來重新面對子女。

而第一步是慰勞家長：

「您照顧孩子真的很辛苦，接下來就交給我們吧！」

原本以為來到少年院又要被訓斥或說教，聽到這句話頓時卸下心防。此時也不會告知家長少年有哪些問題，而是從尊重家長開始，認定他們是幫助少年最多的人。

家長不見得住得離少年院很近，遠道前來看孩子這件事就已經耗費許多精力，儘管院方表示一切交給他們就好，但並不清楚孩子目前的狀況，在這種情況下去見孩子，其實需要特意鼓起勇氣。

等到進入少年院數個月後的期中家長會，教官會訓練少年對前來會面的家長表達謝意。這些少年原本在外面的世界總是對父母出言不遜，甚至動粗，當家長來到會面室戰戰兢兢等待時，忽然聽到孩子大聲道謝：

「謝謝您今天來看我！」

這番舉動令家長大吃一驚，畢竟來到少年院之前很擔心子女會無視自己或大發雷霆，沒想到「這孩子居然向我道謝」、「原來進了少年院能改變這麼多」。

其實這是教官事前多次訓練少年的結果。這時的少年或許還不是「衷心」感謝父母，但只要讓家長覺得「我家孩子也有可愛的一面」，使點小手段也無所謂，之後來會面也不會那麼緊張兮兮。看到這孩子，儘管理解今後要走的路十分漫長，還是能感受到一線光明，決定「為孩子再努力一次」，就算是成功了。

一般常說「大人變了，孩子也隨之改變」，我認為其實是看到孩子出現改變，家長的心態才會有所變化，進而湧起希望：「這孩子還是有可能變好，我再為他努力看看吧！」這正是**「孩子變了，大人也隨之改變」**。

不需要勉強家長改變做法

除了讓家長打起精神面對孩子，也要一併思考如何協助他們陪伴子女走下去，關鍵是：

・基本上不否定家長的做法。
・不勉強家長改變，第一目標是促使孩子成長。

畢竟孩子是犯罪少年，一般會認為家長需要改進教育方式。儘管家長也明白自己過去的做法並不妥當，但一聽到否定的話，想改變的心便消失殆盡。太渴望家長改變也會明顯表現在態度上。要是能改，這些家長早就改了。與其一味地否定，不如從家長長期以來的各種嘗試中討論有效的教育方式，對彼此都大有裨益。

當然，家長不是維持過去對待子女的態度即可，還是有需要改進的地方。以下是家長下定決心改變的契機：

・**至今的體驗獲得肯定**：過去老是因為孩子的事遭人責備，來到少年院第一次有人慰勞自己，受到肯定。

・**遇到值得信賴的人**：這位老師了解我家孩子，我想相信他。

・**看到孩子改頭換面**：原本態度倨傲不恭的孩子開始會表達謝意，原來孩子還是有機會重新做人。

・**察覺自己之於子女的意義**：會面時看到孩子這麼高興，身為父母還是有能為孩子做的事。

這些例子不限於犯罪少年的家長，也適用於一般家長和其他人際關係。

雖然沒有特效藥

儘管如此，家長有時還是很難保持正向的熱忱和穩定的心情。當這些努力不來的孩子安心的基礎和陪跑員，比想像中辛苦得多，連家長都需要安心的基礎和陪跑員。陪伴子女的過程可能產生以下情緒：

「希望也有人聽聽我訴苦。」

「希望能跟伴侶商量。」

「希望能遇到值得信賴的老師或朋友。」

當孩子在生活上遭遇困難，家長可能陷入以下情緒：

罪惡感

「是我的錯嗎？」

「是我不夠愛孩子嗎？」

焦慮

「為什麼只有我家孩子做不來？」

不安

「我真的能好好養大這個孩子嗎？」

「要是他恨我該怎麼辦？」

恐懼

「要是他以後犯罪怎麼辦？」

「這孩子真是太可怕了。」

憤怒

「沒有人理解我的處境。」

家長也可能陷入焦躁不安，甚至影響正常生活。在這種情況下，針對孩童的偏差行為可能採取以下其中一種態度，或是依情況出現不同態度：

戰：大聲責罵，比孩子態度更加強硬，或者怪罪他人。

逃：埋首於工作等其他事物，假裝孩子沒問題。

滯：溺愛孩子，對孩子言聽計從。

最常看到的情況是「戰」，原因是「覺得被輕視」、「怒髮衝冠，無法控制情緒」。尤其是當自家孩子有問題，相較之下其他家長看起來偉大又刺眼，因而感到焦躁、憤怒，甚至嫉妒是人之常情。這種時候該怎麼辦才好呢？

可惜的是，沒有特效藥可以改善，只能先讓家長察覺自己處於「戰」、「逃」、「滯」的哪種情況，但光是察覺本身就有意義。

「我自己也很痛苦，但我還是想當孩子『安心的基礎』跟『陪跑員』！」

能有如此體會，相信痛苦之後會開花結果並不容易。

那麼對子女而言，支持自己的家長又是什麼樣的人呢？大家的想像或許是：「一直陪伴在身邊的人」、「常說『喜歡我』的人」、「實現自己所有願望的人」。其實孩子要的並不是這樣百依百順、有求必應的父母。他們真心想要的是，在生活中遇上挫折時支持自己的「安心的基礎」，嘗試挑戰時注視自己的「陪跑員」。只要做到供應食衣住與這兩點，努力不來的孩子也能勇於挑戰。

成為孩子進入社會的橋梁

我在某個發展障礙諮詢時遇到一位母親，她帶著發展障礙的孩子一同前來。

母親表示孩子的導師剛上任沒多久，不太了解發展障礙，看到孩子做不來就會要求他「更努力」。母親因此對導師有所不滿，希望對方能多多了解孩子的特性。發展障礙兒童的確做不來很多事情，但做不來並不代表在偷懶。導師或許誤以為孩子不用心，才會如此要求他。母親一臉氣餒地說：「之前的導師比較了解這孩子，要是能換導師就好了，可是學校不可能只給我家孩子特殊待遇。」我也只能默默聆聽她訴苦。

說著說著，母親似乎突然發現了什麼，於是對我說：「但是遇上不一樣的老師也好，畢竟將來出社會不能選主管。」她又繼續說：「將來出社會之後，不見得每個人都願意體諒我家孩子有發展障礙，一定有很多人要他『更努力』。也許趁現在習慣不同類型的老師也是好事。」

我聽了之後深深感到這位母親非常認真思考如何建立子女與社會之間的橋梁。責備導師不了解孩子毫無益處，不如仔細觀察孩子目前面臨何種困難，注視他如何跨越。我覺得在這位母親身上看到與努力不來的人一同生活應有的正確態度。

第8章

「笑容」與「為對方著想」

〝笑顔〟と〝ホスピタリティ〟

我不是不努力，只是做不到你滿意

どうしても頑張れない人たち

罹患憂鬱症的教師與醫師

相信讀到這裡，大家都已經充分了解「努力不來的人才需要幫助，可是援助他們並非易事」。

援助的課題不只如此。部分援助者可能已經走到「我終究還是做不來」、「我沒辦法再繼續幫助他們了」的地步。**努力不來的不僅是需要幫助的人，還包括提供援助的人。**

近來學校突然出現許多教師罹患憂鬱症的案例。這些老師不僅忙於照顧學生，還必須處理家長的怨言與許多行政工作，身心俱疲。而在醫院，也有許多醫師明明誠心誠意對待病患，卻遭到患者辱罵而罹患憂鬱症。教師與醫師都屬於提供援助的一方，現在卻陷入想努力也努力不來的狀態，此時此刻，絕對不能要他們

「再努力一點」。

然而不可否認的是，提供援助的一方若不先打起精神，難以繼續從事援助的工作。協助援助者的相關領域範圍廣泛，我想針對援助者之間的關係，分享我個人發現的問題點為本書作結。

本章的援助者指的是，以援助「努力不來」的人為職的人，舉凡教育、社福、醫療相關人員，而努力不來的人的家人之間應該也會發生類似問題，因此也適用以下內容。

援助者之間經常出現人際問題

援助者通常希望能與其他援助者朝相同目標前進，抱持相同熱情互相合作，然而實際上援助者之間經常發生各類問題。提供與接受援助的雙方之間當然會發生問題，援助端彼此也經常爭執摩擦，而且這類衝突造成的壓力甚至勝過援助工作本身。

問題通常起因於工作的互相推託，例如：事前沒接獲告知、對方擅自決定、只有自己沒獲邀出席會議、故意不告知資訊、硬推工作、不回信、回信慢、信件內容冷漠、缺乏互動等等。這些微小的理由極可能導致援助中斷，事態嚴重時甚至會互扯後腿或刻意妨礙對方。

要是很難想像上述的例子，不妨回想有時會在電視新聞上看到政壇派系領袖表示自己不悅，或與其他派系關係破裂都是「為了人民」，真正理由卻是「○○○做決定之前沒先知會我」、「●●●居然先跟△△△打招呼再來找我」。只要有人的地方，就有恩怨。

援助者有時會出席案例研討會，同個職場或不同業界的成員齊聚一堂，針對不知該如何應對的兒童或其他對象的案例共同討論，目的是改善援助方式，希望援助對象能有所進步，同時也是為最貼近案例的援助者加油打氣的機會。然而現實情況往往相去甚遠。

提供案例者耗費時間與精力終於彙整出案例的經過，並在眾人面前發表，發表時也不知大家會做何反應，內心忐忑不安，要是能得到其他出席者的鼓勵和有效的建議，便能恢復精神。而有些出席者卻會責怪發表人：「當事人受挫是因為你的援助方式不當吧？」有些還堅持自己的理想或大道理，對發表人下指導棋：「你一定得這麼做才行。」

更糟糕的是落得像尋找犯人：「這是誰該負責？」「這是因為父母不夠愛小孩

吧！」有的甚至在眾人面前嚴厲斥責：「這是什麼爛援助！」結果案例研討會變成公開羞辱人的地方，嚴重打擊發表人的熱忱，根本無心努力了。

看到發表人在公開場合遭到否定與斥責，其他出席者自然也畏縮了起來，輪到自己提供案例時，刻意選擇一般的案例，隱藏失敗的經驗。有的發表人會強烈反抗其他出席者：「我的做法才是對的，只是你們不知道而已。」和其他與會者爭執會讓自己陷入孤立，即使遇上困難的案例也無法和他人討論，只得自行承受。這些行為只是讓研討會更加偏離目的，而真正的受害者是接受援助的對象。

破壞關係的電子郵件

近年來大部分行業以電子郵件聯絡多過於打電話。看到陌生來電會讓人起戒心：「該不會又是推銷或拉保險吧！」「誰把我的電話號碼洩漏出去了？」有些人一問到電話號碼就擅自打來，在這個重視個資的時代，這種行為非常無禮。不只是電話號碼，電子郵件也是一樣。

有時我會收到「自稱」不擅長使用電腦的人寄來的電子郵件，沒有信件主旨、沒有簡述來歷，甚至沒有寫上大名。把這種情況套用在打電話就類似不確認接電話的人是誰，也不報上姓名就自顧自講起來。寄這種信的人，問題不是出在不擅長用電腦。

以下以電話的對話為例：

委託人：「我們是〇〇學校，遇上很頭痛的事，麻煩您來學校諮詢一下。」

通話者：「不好意思，請問您是哪位呢？」

委託人：「我是校長△△△。麻煩您●月●日來一趟。」

通話者：「請問是什麼樣的案例呢？另外那天我已經有別的安排了……」

委託人：「嘟嘟嘟嘟……（掛上電話）」

對接電話的人而言實在是糟糕透頂的通話經驗。即使委託人解釋自己不擅長打電話也不能合理化這種應對方式，這跟擅不擅長打電話一點關係也沒有，也跟「不擅長寫字所以寫信時只寫重點」、「不擅長說話所以不道謝也不道歉」一樣，只是藉口。

當委託人是這種態度，無論委託內容為何，接受委託的一方完全無法湧起熱忱與委託人一起努力。受到COVID–19影響，居家辦公的機會大幅增加，電子郵件禮儀更為重要。不擅長用電腦或電子郵件已經不能當作理由了。

「笑容」與「為對方著想」

援助者之間開會討論舉辦活動時，有些人會提出充滿建設性的意見；有些人一直把大家早就知道的事情掛在嘴上；有些人平常沉默寡言，遇上需要提供意見時卻能一針見血，直指核心。團體成員形形色色，難以斷言誰對組織最有貢獻，直到活動當天，才能看清楚一個人的本質。

有的人只有想企畫時格外搶眼，活動當天卻關在休息室不肯出來；有的人即使看到其他工作人員忙成一團也不幫忙，甚至默默消失，找不到人。這些人不能說是壞人，但遇上了總是教人失望又喪氣。

相較之下，也有這樣的人：不但會自己行動，還能吸引其他人一起參與，激發大家的熱忱。尤其是當團隊成員累到心情惡劣時，這種人會用積極的話語鼓舞大家行動，或者主動搞笑帶動氣氛。我非常欽佩這些人。他們容易獲得大家信賴，身邊也會聚集愈來愈多的夥伴。如果是戰國時代，或許會成為知名武將。而在現代社會，日本的組織裡最後會出人頭地的也是擁有這種特質的人。

這些默默在背後主動予以一臂之力的人，最能振奮援助者的精神，給予實際的協助。我深切感受到「笑容」與「為對方著想」適用於任何時候。

該伸出援手的人就在身邊

相信大家讀到這裡都能感受到援助工作是件辛苦的事，有的人或許認為自己做不來或與自己無關，但是我希望大家想一想：**難道你打從出生以來從來沒受過別人幫忙嗎？身邊從來沒有人沮喪地說「我已經沒辦法繼續努力下去了」嗎？**

大家小時候應該曾有過師長或朋友的陪伴，長大成人之後也曾因為他人的一句話打起精神或鼓起勇氣。我們日常生活中其實經常受到他人幫助。

環顧四周，你身邊應該也有需要幫助的人，可能是重要的家人、伴侶、好友、同事。他們不見得會主動求助，甚至會故意激怒你，這可能是「努力不來，不知該如何是好」的訊號，留意到這點便能改變對待對方的方式。相信大家一定能為身邊需要幫助的人做點什麼。過去獲得幫助的經驗將化為援助他人的動力。

「我怎麼都學不會，這樣對老師很失敬」

我想在本書最後一節分享我負責兒童教育諮詢時，一個孩子向我吐露的心聲。

他是小學五年級的學生，不擅長念書。我問他：「你覺得在爸媽跟老師眼中，自己是個什麼樣的孩子呢？」

「我想他們覺得我是個壞孩子。」

我問他為什麼會這麼想，他的理由是：

「因為我沒辦法遵守跟他們約定好的事。」

「因為我常常破壞東西。」

他不是故意要食言或搞破壞，而是真的做不來。小學左右的孩子能否肯定自己，受到成人觀感強烈影響。他想必是感受到自己什麼都做不來，所以自認在大人眼裡是個壞孩子。

我又問他下一個問題：「你將來想要做什麼呢？」

「我想成為會做很多事情的人。我很笨，希望可以變聰明。老師教了我也學不會，這樣對老師很失敬。」

十歲大的孩子居然認為自己做不來也學不會，會對大人很「失敬」，我聽了啞口無言。事情不是應該反過來嗎？明明是教育的一方該努力教會這孩子，結果卻是小孩對自己學不會感到抱歉，心靈受傷到反過來顧慮大人的感受。

無論大人如何安慰，做不來的孩子無法相信自己，也沒有人會肯定自己。有的孩子或許乍看之下無所謂，其實可能是演給大人看，要大人安心。**沒辦法發現孩子的問題與煩惱的教育，究竟是為誰存在呢？**這個國家的教育究竟會如何發展呢？我頓時百感交集。

援助努力不來的人過程漫長，在過程中我們也逐漸老去，終於有一天輪到我們成為接受援助的一方。

和努力不來的人一同生活，究竟要告訴我們什麼呢？希望大家思考這個問題時，本書能提供些許線索。

結語

おわりに

我不是不努力，只是做不到你滿意

どうしても頑張れない人たち

結語

自從我的上一本書《不會切蛋糕的犯罪少年》出版以來，經常有人對我說：「我讀了老師的書才明白認知功能的重要。」

每次聽到這句話，心情總是難以言喻。畢竟我打從進入醫療少年院工作，發現少年們驚人的狀況以來，也就是早在《不會切蛋糕的犯罪少年》出版之前就已經透過演講與研習，告訴大家這些事情上百次了。

對我說這句話的是一位老師，他應該曾經出席某次演講，聽過我分享這些故事。看來當下他接受的程度不過是「也有這種觀點啊」罷了。此時我才終於發現，人類這種生物之所以嘗試理解不是因為必要，而是我的主張受到社會肯定。

如果我沒有出版上一本書，大家恐怕也不會拿起本書。這代表少年們的認知問題不僅難以發覺，也因為難以發覺而更不得忽略。

我打從執筆《不會切蛋糕的犯罪少年》時就已經決定要寫下本書，而且愈寫愈覺得必要，所以一寫完上一本書就馬上擬定腹案。這些不會切蛋糕的少年，離開醫療少年院之後該如何活下去呢？這個社會該如何協助他們呢？上一本書改編成漫畫《不會切蛋糕的犯罪少年　第一集》，描繪少年之後的生活。其中一個案例是，主角離開少年院後決定今後一定要努力向上，卻在出社會後遭遇挫折，最後成為殺人兇手。由此可知，**無論少年多麼有心振作，缺乏接受他們的社會體制還是會逼得他們恢復原狀。**

我經常覺得對這些少年說「如果你努力，我就幫你」這種話很奇怪，想著總有一天要寫一本以「努力不來的人之後過著什麼樣的生活？」為主題的書。正當我想對新潮社的新潮新書編輯橫手大輔先生提出這項提案時，對方早我一步表示希望我寫下少年後續的人生。原來他也抱持同樣想法，上一本書的讀者或許也有人作如是想。

本書內容很單純，我想說的不過是**「努力不來的人才更需要幫助」**。做出成果的人容易博得好評，獲得支持；拿不出成果的人會被視為不努力、懶惰，反而沒人幫忙。

援助努力不來的人是件非常辛苦的事，甚至可能找藉口說服自己：「我實在幫不來了。」其實我以前也是這樣。但是，改變潛在的偏見與面對他們的方式，還是可能提供更有力的援助。希望本書能對從事助人工作的專業人士，以及對努力不來的人伸出援手的親屬朋友有所幫助。

最後我要衷心感謝贊成本書觀點的新潮社與編輯部橫手大輔先生。

宮口幸治

二〇二一年三月

繁體中文版編輯後記

エピローグ

我不是不努力，只是做不到你滿意

どうしても頑張れない人たち

繁體中文版編輯後記

遠流主編／陳子逸

本書的最後想跟你分享一個編輯臺的小故事。這要從二〇一七年於臺灣問世的《教出殺人犯》一書開始說起。

《教出殺人犯》是曾任教於日本立命館大學，並致力於協助受刑人更生的岡本茂樹教授的遺作，書中講述人人眼中的「好孩子」為何誤入歧途，並以知名女星酒井法子為例，嘗試分析她染上毒品的緣由，我則是當時選書與編書的主編。隨著時間流逝，《教出殺人犯》也要過了版權期限，我仍然不時收到多位讀者的回饋，說這本書讓他們看到「熟悉的身影」，而且就是少時的自己。

岡本茂樹辭世後，繼承其遺志的宮口幸治於二〇二〇年出版《不會切蛋糕的犯罪少年》，在日本造成大轟動，隔年推出續作的本書《我不是不努力，只是做不到你滿意》。二書引進臺灣市場，正是因為編輯臺第一線確確實實聽到讀者的聲音，這些書講述的，是我們共同承擔的記憶。

岡本茂樹與宮口幸治，一位是教育學背景，一位是兒童精神科醫師。兩人並非真的師徒關係，卻各自在不同領域對陷入「困境」的孩子伸出援手。然而這些著作的延續性與熱銷現象也不禁令人反思，有些孩子是否仍舊陷入困境？這個困境，並非僅止於你我的「個人體驗」或「某個年代」的暗影，抑或是「日本特有」的現象，我認為是始終難以抹去每個人心中存在著的隱形分水嶺──「沒心學就不管你」、「成績差就沒出息」、「不聽話就不值得被愛」，在孩子心中劃下一道又一道的傷痕。

改變社會價值觀絕不可能一朝一夕就達成，但是可以從你我每個人做起，誠如本書的呼籲：該伸出援手的人就在身邊！他們站在懸崖邊搖搖欲墜，以各種有形無形的方式發出「我已經加不了油了」、「我真的撐不下去了」的訊號。能夠支撐他們生活下去、不放棄的力量，或許就只是一個願意傾聽自己說話的人，一個默默陪伴自己的人，一個自己願意信賴的人，無論「那個人」是誰。這就是這本書要講的——真正的援助。

最後，特別感謝惠賜這些重要著作推薦序的貴人們，特別是長年來為了《少年事件處理法》不遺餘力的李茂生教授，還有筆者兒時主治醫師的陳映雪主任。感謝各方人士對每個可能在人生中被「漏接」的孩子的付出。

我不是不努力，只是做不到你滿意：
讓每個孩子在「墜落」前，都能獲得該有的幫助
どうしても頑張れない人たち～ケーキの切れない犯罪少年たち 2

作者	宮口幸治（Koji Miyaguchi）
譯者	陳令嫻
主編	陳子逸
設計	許紘維
校對	渣渣
發行人	王榮文
出版發行	遠流出版事業股份有限公司 104 臺北市中山北路一段 11 號 13 樓 電話／(02) 2571-0297 傳真／(02) 2571-0197 劃撥／0189456-1
著作權顧問	蕭雄淋律師
初版一刷	2022 年 3 月 1 日
定價	新臺幣 320 元
ISBN	978-957-32-9428-3

遠流博識網 www.ylib.com 

國家圖書館出版品預行編目（CIP）資料

我不是不努力，只是做不到你滿意：讓每個孩子在「墜落」前，都能獲得該有的幫助
宮口幸治 著；陳令嫻 譯
初版；臺北市；遠流出版事業股份有限公司；2022.03
232 面；14.8 × 21 公分
譯自：どうしても頑張れない人たち～ケーキの切れない非行少年たち 2
ISBN：978-957-32-9428-3（平裝）

1. 矯正教育　2. 青少年犯罪　3. 青少年問題

548.7114　　111000095